T0208766

Umrechnung eines (Unadjusted) Function Point in Lines of Code

Die Werte in der Literatur schwanken teilweise erheblich und sind daher nur als *ungefähre Richtgröße* zu verstehen: Es bietet sich an, entweder den Mittelwert direkt zu verwenden oder aber den Mittelwert zusammen mit Minimum und Maximum als Ausgangspunkt für eine Drei-Punkt-Schätzung zur Berechnung eines wahrscheinlichsten Erwartungswertes zu verwenden (vgl. Seite 28).

Sprache	Minimum	Mittelwert	Maximum
ABAP	16	18	20
Makroassembler	90	210	400
Ada	40	70	150
C	25	150	300
C#	40	55	70
C++	20	60	150
Cobol	10	100	350
Delphi	unbekannt	ca. 25	unbekannt
Fortran	30	90	200
Java	40	55	200
Javascript	45	55	65
Lisp	25	65	80
Pascal	50	90	125
Perl	10	20	30
PHP	unbekannt	ca. 65	unbekannt
Smalltalk	15	25	50
SQL	10	20	30
Visual Basic	15	30	40

Quellen: [McConnell 06], [Stutzke 05], [Boehm 00], IFPUG und QSM [WWW] sowie eigene Recherchen.

Aufwandsschätzungen in der Software- und Systementwicklung kompakt

Werke der „kompakt-Reihe" zu wichtigen Konzepten und Technologien der IT-Branche:

* ermöglichen einen raschen Einstieg,
* bieten einen fundierten Überblick,
* sind praxisorientiert, aktuell und immer ihren Preis wert.

Bisher erschienen:

* Heide Balzert
  UML kompakt, 2. Auflage
* Andreas Böhm / Elisabeth Felt
  e-commerce kompakt
* Christian Bunse / Antje von Knethen
  Vorgehensmodelle kompakt, 2. Auflage
* Holger Dörnemann / René Meyer
  Anforderungsmanagement kompakt
* Christof Ebert
  Outsourcing kompakt
* Christof Ebert
  Risikomanagement kompakt
* Karl Eilebrecht / Gernot Starke
  Patterns kompakt, 3. Auflage
* Andreas Essigkrug / Thomas Mey
  Rational Unified Process kompakt, 2. Auflage
* Peter Hruschka / Chris Rupp / Gernot Starke
  Agility kompakt, 2. Auflage
* Oliver Hummel
  Aufwandsschätzungen in der Software- und Systementwicklung kompakt
* Arne Koschel / Stefan Fischer / Gerhard Wagner
  J2EE/Java EE kompakt, 2. Auflage
* Michael Kuschke / Ludger Wölfel
  Web Services kompakt
* Torsten Langner
  C# kompakt
* Pascal Mangold
  IT-Projektmanagement kompakt, 3. Auflage
* Michael Richter / Markus Flückiger
  Usability Engineering kompakt, 2. Auflage
* Thilo Rottach / Sascha Groß
  XML kompakt: die wichtigsten Standards
* SOPHIST GROUP / Chris Rupp
  Systemanalyse kompakt, 2. Auflage
* Gernot Starke / Peter Hruschka
  Software-Architektur kompakt
* Ernst Tiemeyer
  IT-Controlling kompakt
* Ernst Tiemeyer
  IT-Servicemanagement kompakt
* Ralf Westphal
  .NET kompakt
* Ralf Westphal / Christian Weyer
  .NET 3.0 kompakt

Oliver Hummel

Aufwandsschätzungen in der Software- und Systementwicklung kompakt

Autor
Prof. Dr. Oliver Hummel
Institut für Informatik und Wirtschaftsinformatik
Universiät Mannheim
E-Mail: hummel@informatik.uni-mannheim.de

Wichtiger Hinweis für den Benutzer
Der Verlag und der Autor haben alle Sorgfalt walten lassen, um vollständige und akkurate Informationen in diesem Buch zu publizieren. Der Verlag übernimmt weder Garantie noch die juristische Verantwortung oder irgendeine Haftung für die Nutzung dieser Informationen, für deren Wirtschaftlichkeit oder fehlerfreie Funktion für einen bestimmten Zweck. Ferner kann der Verlag für Schäden, die auf einer Fehlfunktion von Programmen oder ähnliches zurückzuführen sind, nicht haftbar gemacht werden. Auch nicht für die Verletzung von Patent- und anderen Rechten Dritter, die daraus resultieren. Eine telefonische oder schriftliche Beratung durch den Verlag über den Einsatz der Programme ist nicht möglich. Der Verlag übernimmt keine Gewähr dafür, dass die beschriebenen Verfahren, Programme usw. frei von Schutzrechten Dritter sind. Die Wiedergabe von Gebrauchsnamen, Handelsnamen, Warenbezeichnungen usw. in diesem Buch berechtigt auch ohne besondere Kennzeichnung nicht zu der Annahme, dass solche Namen im Sinne der Warenzeichen- und Markenschutz-Gesetzgebung als frei zu betrachten wären und daher von jedermann benutzt werden dürften. Der Verlag hat sich bemüht, sämtliche Rechteinhaber von Abbildungen zu ermitteln. Sollte dem Verlag gegenüber dennoch der Nachweis der Rechtsinhaberschaft geführt werden, wird das branchenübliche Honorar gezahlt.

Bibliografische Information der Deutschen Nationalbibliothek
Die Deutsche Nationalbibliothek verzeichnet diese Publikation in der Deutschen Nationalbibliografie; detaillierte bibliografische Daten sind im Internet über http://dnb.d-nb.de abrufbar.

Springer ist ein Unternehmen von Springer Science+Business Media
springer.de

© Spektrum Akademischer Verlag Heidelberg 2011
Spektrum Akademischer Verlag ist ein Imprint von Springer

11 12 13 14 15   5 4 3 2 1

Planung und Lektorat: Dr. Andreas Rüdinger, Barbara Lühker
Herstellung und Satz: Crest Premedia Solutions (P) Ltd, Pune, Maharashtra, India
Umschlaggestaltung: SpieszDesign, Neu-Ulm
Titelbild: © SpieszDesign

ISBN 978-3-8274-2751-9

Vorwort

Jeder, der regelmäßig an Softwareprojekten beteiligt ist, wird früher oder später mit dem Thema Aufwandsabschätzung in Berührung kommen, denn ohne akkurate Aufwandsschätzungen kann ein Projektplan niemals zuverlässig funktionieren. Gleichzeitig wird dieses Gebiet in Ausbildung und Studium aber meist nur gestreift und ist entsprechend in der Praxis oft von einem Hauch des Geheimnisvollen umgeben. Auch in meinem Studium und in den darauf folgenden Jahren meiner Tätigkeit an einer Universität kam ich nur sehr oberflächlich damit in Kontakt, und selbst der darauf folgende Wechsel in die Industrie vertiefte meine Kenntnisse nur wenig, führte mir aber deutlich vor Augen, dass Aufwandsschätzungen dort – sofern überhaupt vorgesehen – meist nur wenig planvoll angegangen werden. Daher nutzte ich nach meiner Rückkehr in die Wissenschaft meine Faszination für dieses Thema und die Möglichkeit, systematische Aufwandsabschätzungen als wesentlichen Bestandteil in eine weiterführende Software-Engineering-Vorlesung aufzunehmen.

Obgleich sich themenbedingt mathematische Formeln und teilweise umfangreiche Tabellen nicht ganz vermeiden lassen, soll Ihnen das vorliegende Buch den Stand der Softwaretechnik und meine Erfahrungen aus Wissenschaft und Praxis in kompakter und unterhaltsamer Form vermitteln. Egal ob Sie Auftraggeber, Auftragnehmer oder Projektmanager eines Softwareprojekts oder einer der (oft leidtragenden) Mitarbeiter in einem solchen sind (bzw. werden wollen), ich habe mich bemüht, den Inhalt so aufzubereiten, dass er nicht nur einfach nachzuvollziehen ist, sondern auch möglichst direkt für die tägliche Arbeit verwendet werden kann. Auf der Homepage zu diesem Buch [WWW] finden Sie zudem zahlreiche nützliche Verweise auf weiterführende Informationen, die dieses Buch innerhalb seines bewusst kompakten Rahmens nicht mehr aufzunehmen vermochte.

Ich denke daher, Ihnen eine interessante und kurzweilige Lektüre zusammengestellt zu haben, die Sie dabei unterstützen kann, sogenannte „Todesmarsch-Projekte" [Yourdon 04] frühzeitig zu erkennen und ihnen erfolgreich aus dem Weg zu gehen. Eventuell helfen Ihnen die vorgestellten Techniken sogar dabei, die Planung des einen oder anderen Projekts positiv zu beeinflussen, auch wenn das erfahrungsgemäß sehr viel Überzeugungsarbeit erfordert. Was auch immer Ihre

Erfahrungen in der Praxis sein werden, ich freue mich über Anregungen und Feedback zum Buch ebenso wie über lesenswerte Anekdoten aus der täglichen Praxis. Ich jedenfalls hoffe, Sie empfinden dieses Werk als eine lohnenswerte oder (nach dem nächsten Schätzworkshop) vielleicht sogar als eine weiterempfehlenswerte Lektüre.

Viel Spaß beim Lesen wünscht Ihnen Ihr Oliver Hummel.

Inhalt

Einführung

Seit vielen Jahren gelten die sogenannten **Chaos-Reports** der Standish Group als Gradmesser für die noch immer nicht als überwunden geltende **Softwarekrise**. Gut vier Jahrzehnte nachdem 1968 auf einer NATO-Konferenz im bayerischen Garmisch das Software Engineering, also das ingenieurmäßige Entwickeln von Software, als „Heilmittel" dafür vorgeschlagen wurde, werden nach Standish noch immer nur rund 30 % aller Software-Entwicklungsprojekte innerhalb der vorgesehenen Zeit- und Budgetvorgaben und mit dem zuvor definierten Funktionsumfang abgeschlossen. Etwa weitere 30 % werden ohne nutzbares Ergebnis vorzeitig abgebrochen und etwa die verbleibenden 40 % aller Projekte liefern zwar ein brauchbares System, überschreiten aber bis zur Auslieferung Budget- oder Zeitvorgaben oder beides. Dies noch immer allein als die Auswirkungen von mangelhaften Fähigkeiten in der Softwareentwicklung zu betrachten, widerspricht aber offensichtlich einer Menge eindrucksvoller Beispiele für das Können heutiger Softwareingenieure, die uns im täglichen Leben begegnen: Betriebssysteme wie Windows oder Linux wachsen im weltweiten Zusammenspiel von hunderten oder gar tausenden von Entwicklern, neue Software für Mobiltelefone oder Webapplikationen entsteht in extrem kurzen Zeiträumen, und unzählige eingebettete Softwaresysteme in PKWs, Flugzeugen bis hin zu Haushaltsgeräten funktionieren im Allgemeinen trotz mancher Kinderkrankheiten erstaunlich zuverlässig. Das klingt nun nicht mehr nach der großen Krise der Softwareentwicklung.

Möglicherweise sieht sich die Standish Group genau deshalb einer beständig wachsenden Kritik an ihren Untersuchungen ausgesetzt. Lassen wir einmal die jüngst öfter geäußerten Zweifel bezüglich der angewandten Methodik außen vor, so zeigt doch bereits ein oberflächlicher Blick, dass die Chaos-Reports mitnichten nur die Fähigkeiten von Softwareentwicklern abbilden; sie beleuchten vielmehr, wie das von dem bekannten Softwareexperten Robert Glass zutreffend beobachtet wurde, ganz banal die Fragestellung, wie gut die gemachten Budget- und Zeitvorgaben bei der Systementwicklung eingehalten werden können. Eine mögliche Ursache für deren Nichteinhaltung sind einerseits natürlich mangelhafte Fähigkeiten in der Softwareentwicklung, andererseits könnten aber auch eine überzogene Erwartungshaltung und daraus resultierende nicht umsetzbare Projektvorgaben Auslöser dieser Symptomatik sein.

Ein Blick über den Tellerrand auf zahlreiche Megaprojekte der jüngeren Vergangenheit erhärtet diesen Verdacht: seien es die Verzögerungen beim Ausbau der Stadien für die Fußball-WM 2006 oder bei der Auslieferung des Airbus A380, die Schwierigkeiten bei der Umsetzung des Toll-Collect-Systems, die jüngsten Diskussionen um die Kostenexplosionen bei „Stuttgart 21" oder dem europäischen Militärtransportflugzeug A400M; neuartige Großprojekte verschiedenster Art haben offenbar häufig eine „Tendenz zum Scheitern", wie es einmal ein Mitarbeiter eines bekannten Beratungshauses in einem Vortrag formulierte. Ganz offensichtlich haben die Schätzmechanismen im Vorfeld dieser Projekte entweder nicht richtig funktioniert oder wurden gar bewusst ignoriert bzw. manipuliert, um beispielsweise die Finanzierbarkeit nicht in Frage zu stellen. Doch nicht nur in der Öffentlichkeit sichtbare Großprojekte kämpfen mit dieser Symptomatik, im Bereich der Softwareentwicklung tritt sie oft bereits bei alltäglichen Projekten von überschaubarer Größe zu Tage. Kann dies ausschließlich mit den mangelhaften Kenntnissen in der ingenieurmäßigen Softwareentwicklung zu tun haben?

Systementwicklung und Aufwandsschätzung

Eine mögliche Antwort auf diese Frage mag nach dem bisher Gesagten nur noch geringfügig überraschen, aber der bereits genannte Robert Glass leitet aus der weiten Verbreitung ähnlicher Probleme die These ab, dass die Softwarekrise inzwischen zu einer Krise der Aufwandsschätzungen geworden sei [Glass 06]. Zur Begründung führt er an, dass „Schätzungen" meist von nicht entsprechend qualifizierten Personen (z. B. solchen aus dem projektfernen Management oder Marketing) zu einem unpassenden Zeitpunkt (nämlich weit vor Projektbeginn) aufgestellt und im weiteren Projektverlauf nur selten den tatsächlichen Entwicklungen angepasst würden. Aufwandsschätzungen und darauf aufbauende Projektplanungen beruhen also häufig auf unklaren sowie unvollständigen Anforderungen und sind nicht selten stärker von Wunschdenken oder Termindruck als von analytischem Vorgehen getrieben. Erfahrungsgemäß zweifeln viele (Projekt-)Manager in einer solchen Situation dann allerdings eher an der Leistungsbereitschaft ihrer Mitarbeiter, anstatt ihre Schätzungen bzw. Vorgaben in Frage zu stellen. Um es mit den Worten des bekannten Softwareexperten und Autors Tom DeMarco zu kommentieren: „Wenn ein Termin nicht eingehalten wurde, war der Zeitplan falsch, unabhängig davon, warum der Termin nicht eingehalten werden konnte."

Und weiter: „Der Sinn einer Planung ist es zu planen, nicht Ziele vorzugeben." [DeMarco 01]. Entsprechend muss die Grundlage jeder seriösen Projektplanung natürlich die fundierte Schätzung der zu erwartenden Aufwände sein [Endres & Rombach 03]. Die traditionellen Ingenieurswissenschaften können diese, basierend auf jahrzehntelangen Erfahrungen, sehr genau vorausberechnen (und trotzdem kommt es auch dort immer wieder zu unvorhergesehenen Verzögerungen oder wie oben erwähnt, zu eklatanten Fehleinschätzungen). Sie wissen z. B. an einem gewissen Punkt in einem Bauprojekt sehr genau, wie viele Kubikmeter Erdaushub bewegt oder Tonnen Beton noch angeliefert und verbaut werden müssen und wie hoch Arbeits- und Zeitaufwand dafür üblicherweise sind. In der Softwareentwicklung sind solche Vorhersagen bei Weitem noch keine Routine: zum einen lässt sich die Funktionalität eines Softwaresystems nicht mit Hilfe eines anschaulichen Maßes wie Kilogramm oder Kubikmetern erfassen, zum anderen werden Technologien oft in einem Tempo durch neue ersetzt, dass sie bereits wieder verschwunden sind, ehe entsprechende Erfahrungen mit ihnen hätten gesammelt werden können. Entsprechend umgibt Aufwandsschätzungen noch immer jener Hauch von Hellseherei, der dazu führt, dass selbst erprobte Modelle und systematische Techniken nicht verwendet, sondern Schätzungen am ehesten auf Grundlage von bloßen Vermutungen über den Daumen gepeilt werden. Anekdoten wie die, dass Schätzungen in großen Softwareunternehmen auf ihrem Weg durch die Hierarchieebenen sicherheitshalber mehrmals verdoppelt werden, enthalten sicher mehr als nur das berühmte Körnchen Wahrheit, sind aber auf dem heutigen Stand der Softwaretechnik durchaus vermeidbar.

An dieser Stelle seien noch einige Worte zum Titel dieses Buches erlaubt: dort finden sich mit *Software* und *System* zwei Begriffe, die meistens synonym oder oft auch noch gemeinsam (als Softwaresystem) genutzt werden. Höchste Zeit also, zu klären, ob und wie sich eine mögliche Unterscheidung in diesem Buch wiederfindet. Primär in dessen Fokus liegt die systematische Erstellung von Aufwandsprognosen für die Entwicklung von Software, also von ausführbaren

Programmen mit allen dazu nötigen Modellen, Dokumenten und Test-fällen. Von einem Softwaresystem sprechen wir im Rahmen dieses Buches dann, wenn auch noch die für den Betrieb benötigte Hard-wareausstattung abgeschätzt werden soll. Entsprechende Schätztech-niken für Informationssysteme werden wir gegen Ende des Buches detaillierter diskutieren, zunächst wollen wir uns aber den Grund-lagen der Aufwandsschätzung zuwenden, die alleine die (ggf. auch in technische Systeme eingebettete) Software betreffen.

Unterm Rad

Der in der Softwareindustrie herrschende Druck ist zweifellos enorm; egal ob durch beständig zunehmenden Wettbewerb, Wirtschaftskri-sen oder Near- und Off-Shoring, Softwareunternehmen sehen sich dem beständigen Zwang ausgeliefert, immer mehr Arbeit mit immer weniger Personal bewältigen zu müssen. In anderen Worten, sie sind gezwungen, ihre Produktivität beständig weiter zu steigern, um wett-bewerbsfähig zu bleiben. Grob gesprochen lässt sich die Produktivi-tät innerhalb eines Softwareprojekts als die implementierte Menge an Funktionalität pro dafür investiertem Aufwand (also beispiels-weise als Lines of Code pro Personenmonat) definieren. Sie wird innerhalb eines Projekts von vier Parametern, nämlich Qualität, Quan-tität (also Produktumfang), Entwicklungsdauer (also Zeit) und Aufwand (d. h. Kosten) be-einflusst. Harry Sneed hat die links gezeigte Darstellung die-ser Einflüsse als sogenanntes **Teufelsquadrat** geprägt.

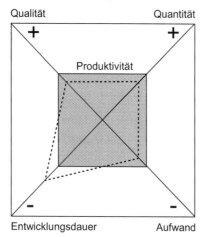

Das „Verstellen" eines Para-meters beeinflusst nach dieser Darstellung unweigerlich die jeweils anderen Werte, da die Produktivität innerhalb eines Projekts (in der Abbildung die Fläche des grauen Quadrats) als eine konstante Größe gesehen wird. Zu Beginn ist sie nominal auf die vier Einflussparameter verteilt. Wird dann aber beispielsweise, wie in der Abbildung zu sehen, die Entwicklungsdauer verkürzt, wächst automatisch der Aufwand, während sich die erreichbare Qualität und der umsetzbare Projektumfang verringern. Die in diesem Buch vorgestellten Schätzmodelle, werden es uns insbesondere ermöglichen, den Zusammenhang zwischen Quantität, Aufwand und Entwicklungsdauer besser zu verstehen. In eine ähnliche Kerbe schlägt übrigens das aus dem Projektmanagement bekannte **Tradeoff Triangle**. Nach dessen Maßgabe kann bei der Projektplanung aus den drei Faktoren Ressourcen, Zeitvorgabe und Projektumfang – unter der Annahme, dass einer (z. B. die Zeitvorgabe) von außen vorgegeben wird – noch ein weiterer (z. B. die Ressourcen) frei festlegt werden, der dritte (also der mögliche Projektumfang) ergibt sich dann unmittelbar aus den gemachten Vorgaben. Möglichst korrekte Aufwandsschätzungen sind in einem solchen Umfeld also ein Muss, um die Rentabilität einer geplanten Unternehmung abschätzen und sie letztlich zielgerichtet zum Erfolg führen zu können.

Stutzke [Stutzke 05] sieht einen wichtigen Faktor für entsprechenden Erfolg in der Softwareentwicklung im Vermeiden von zuvor noch nicht dagewesenen Aufträgen, also von Systemen, deren Anforderungen weitgehend unbekannt und unverstanden sind, mit deren Architektur der Auftraggeber Neuland betritt, insbesondere wenn das Entwicklungsteam noch nie zuvor zusammengearbeitet hat. Diese Vorgabe erinnert nicht zufällig an die in der Automobilindustrie bekannte Drei-Niemals-Regel. Diese besagt, dass niemals ein neues Produkt mit neuen Mitarbeitern in einer neuen Fabrik produziert werden sollte. Eine Regel, deren Verletzung erst kürzlich zu einer öffentlichkeitswirksamen Rückrufaktion für das Hybridfahrzeug eines bekannten Automobilherstellers geführt hat. In der Softwareindustrie wird diese Vorgabe notgedrungen ständig missachtet, da Software nicht im klassischen Sinne am Fließband produziert werden kann, sondern jedes Produkt weitgehend neu entwickelt werden muss: Anforderungen sind deshalb zu Projektbeginn meistens neu und nicht verstanden, Auftragnehmer wagen sich auf Grund der rasanten Technologieneuerungen an neuartige Systeme und Frameworks heran, und Projektteams werden routinemäßig neu zusammengestellt sowie bei Bedarf mit externen Kräften verstärkt. Das bedeutet nun per se natürlich noch lange nicht, dass (Software-)Entwicklungsprojekte von vornherein zum Scheitern verurteilt sein müssen, es verlangt aber definitiv danach, sie anders zu planen und zu managen als beispielsweise die Produktion von Kraftfahrzeugen in einer Automobilfabrik. Auf die in der Softwareentwicklung zu berücksichtigenden Eigenheiten, wie z. B. negative Skaleneffekte oder den häufig zitierten mythischen Mannmonat, werden wir gleich noch zu sprechen kommen.

Über die Unschärfe von Zukunftsprognosen

In der industriellen Praxis kommt es dennoch häufig zu Situationen, in denen (oft allzu berechtigte) Einwände gegen starre Projektvorgaben durch das (meist auf reine Produktionsumgebungen) spezialisierte Management vom Tisch gewischt werden. In der Annahme, dass ihre Entwickler ohnehin bereits das „Scotty-Prinzip" (benannt nach Chef-Ingenieur Scott in Star Trek, der einmal auf die Frage von Captain Kirk, ob er Schätzungen für Reparaturzeiten immer vervierfache antwortete: „Natürlich Sir. Sonst würde ich ja meinen Ruf verlieren, dass ich echte Wunder vollbringen kann.") anwenden, ihre Schätzung also mit einem erheblichen Sicherheitspuffer versehen haben, werden diese kurzerhand durch **Zielvorgaben** ersetzt und das Projektteam zu deren Einhaltung verpflichtet. Da entsprechende Schätzungen üblicherweise weit vor Projektbeginn (also z. B. noch in der Ausschreibungsphase ohne eigene Kostenstelle) unter großem Zeitdruck stattfinden und deshalb von den Schätzenden selbst als nicht besonders zuverlässig erachtet werden, lassen sich Projektverantwortliche häufig schnell zur Zustimmung „überreden". Wer setzt schon gerne Arbeitsplatz oder Beförderung aufs Spiel, um auf Basis von Vermutungen gegen seine Vorgesetzten zu argumentieren, wie das einst vom Träger des Turing-Award Frederik Brooks so treffend formuliert wurde [Brooks 95]. Ist ein Commitment (meist im Rahmen eines Fixpreis-Vertrages) aber erst einmal gegeben, wird das Projektteam üblicherweise an seiner Einhaltung gemessen, egal welche neuen Erkenntnisse sich im weiteren Projektverlauf noch ergeben.

Dabei liegt es in der Natur der Sache, dass Schätzungen umso ungenauer ausfallen, je weiter sie in die Zukunft blicken müssen. Diese Tatsache erinnert nicht umsonst an die bekannte Darstellung von Temperaturkurven in der täglichen Wettervorhersage, deren Schwankungsbreite umso größer wird, je weiter sie nach vorne blicken. Auch das Software Engineering kennt eine ähnliche Darstellung, nämlich den sogenannten Kegel der Ungewissheit (engl. **Cone of Uncertainty**), der in der folgenden Abbildung dargestellt ist.

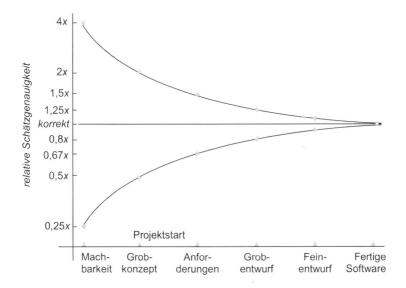

Wie dort zu erkennen ist, ist in der Softwaretechnik anerkannt, dass selbst völlig korrekt und unbeeinflusst ausgeführte Aufwandsschätzungen vor Projektbeginn mit einem Unsicherheitsfaktor von vier nach oben und nach unten behaftet sind, da die Anforderungen an ein Projekt noch nicht ausreichend genau definiert werden können. Sofern ein nach dem Wasserfallmodell [Bunse & v. Knethen 08] durchgeführtes Projekt gut gemanagt ist, lässt sich zu den in der Grafik unten dargestellten Meilensteinen mit genauer werdenden Schätzverfahren in etwa die auf der y-Achse dargestellte Vorhersagegenauigkeit erreichen. Schlecht gemanagte Projekte können aber zu jedem Zeitpunkt wesentlich weiter daneben liegen. Entsprechend sollten belastbare Aufwandsschätzungen frühestens nach einer vollständigen Spezifikation der Anforderungen in einem Pflichtenheft abgegeben werden, da erst zu diesem Zeitpunkt entsprechend zuverlässige Schätzverfahren angewendet werden können (vgl. Übersicht auf Seite 121). Ein ähnlicher Zusammenhang gilt übrigens auch für Projekte nach iterativen Vorgehensmodellen, die zunächst mehrere Iterationen durchlaufen müssen, um den für eine zuverlässige Schätzung notwendigen Gesamtüberblick über die Anforderungen zu erhalten. Diese Fakten beim Management von Softwareprojekten zu akzeptieren, bedeutet also automatisch, dass Aufwandsschätzungen regelmäßig (z. B. nach den in der Abbildung gezeigten Meilensteinen oder am Ende einer Iteration) nachgeschärft werden müssen, um in letzter Konsequenz auch die Projektplanung entsprechend anzupassen.

Im Bewusstsein dieser Unschärfe ist ferner die Sinnhaftigkeit zu hinterfragen, einen Projektaufwand von möglicherweise hunderten von Personenmonaten auf zwei Nachkommastellen genau in Personentagen anzugeben. Ein solcher Wert mag zwar den Eindruck von großer **Genauigkeit** vermitteln, eine entsprechende **Korrektheit** garantiert er deswegen noch lange nicht. Weiterhin sollten wir uns bewusst machen, dass in der Praxis der Software- und Systementwicklung bereits eine **Schätzungenauigkeit** von ± 10 % als ein sehr guter und etwa das Doppelte noch immer als ein brauchbarer Wert betrachtet wird. Im Normalfall liegen Prognosen weitaus mehr daneben (vgl. Chaos-Reports). Die Konsequenzen für tagesgenau vertaktete Aktivitäten in Projektplänen liegen auf der Hand: Es macht prinzipbedingt wenig Sinn, Softwareprojekte mit großen Aktivitätsblöcken, wie z. B. einer pauschalen Anforderungserfassung, für Monate oder gar Jahre im Voraus planen zu wollen. In anderen Worten, sequentielle Vorgehensmodelle wie das Wasserfallmodell verbreiten, was überschaubare und kontrollierbare Projektpläne angeht, eine trügerische Sicherheit, die aus Sicht der Aufwandsschätzungen nicht annähernd unterfüttert werden kann. Aus deren Perspektive sind iterative Vorgehensmodelle mit einer empirischen Prozessüberwachung deutlich besser steuerbar (wie ab Seite 14 am Beispiel von Scrum beschrieben).

Eine weitere Folge, die das Akzeptieren der Ungenauigkeit von Schätzungen nach sich ziehen sollte, ist in der Mathematik begründet: Ein einzelner Wert für eine Schätzung (wie z. B. das Projekt wird 15 Personenmonate benötigen) ist prinzipbedingt wenig aussagekräftig, da Aufwandsprognosen im Wesentlichen Wahrscheinlichkeitsverteilungen sind. Das bedeutet, dass eine bestimmte Vorhersage (wie die genannten 15 Personenmonate) mit einer bestimmten Eintrittswahrscheinlichkeit behaftet ist. So könnte beispielsweise die Wahrscheinlichkeit, für ein Projekt genau 15 Personenmonate zu benötigen, bei etwa 10 % liegen und die aufsummierten Wahrscheinlichkeiten aller möglichen geringeren Projektaufwände bei zusammen 45 %. Für Aufwandsschätzungen sollten wir also möglichst die aus der Wahrscheinlichkeitsrechnung bekannten **Erwartungswerte** und deren **Eintrittswahrscheinlichkeiten** ermitteln, um damit das Vertrauen in eine Schätzung auszudrücken.

Schlussendlich sollten Schätzungen aber trotz aller mathematischen Finessen immer als das wahrgenommen werden, was sie sind: nämlich schlicht näherungsweise Prognosen einer ungewissen Zukunft, die mit einer gewissen Wahrscheinlichkeit eintreten können oder eben mit einem gewissen Risiko auch nicht. Die ungefähre Ermittlung und Kommunikation dieses Risikos ist die vordringliche Aufgabe der Schätzexperten, die Entscheidung über eine akzeptable Risikohöhe eine klassische Aufgabe des Managements.

Gesetzmäßigkeiten der Softwareentwicklung

Im Gegensatz zur Physik kann das Software Engineering nicht mit universell gültigen Naturgesetzen aufwarten. In den vergangenen Jahrzehnten hat allerdings auch die empirische Forschung in der Softwareentwicklung eine Reihe wiederkehrender Phänomene entdecken und daraus Gesetzmäßigkeiten ableiten können. Wir wollen an dieser Stelle kurz die aus Sicht der Aufwandsschätzung wichtigsten Erkenntnisse ansprechen, für einen Gesamtüberblick des Forschungsstands und weitere Details sei auf das Buch von Endres und Rombach [Endres & Rombach 03] verwiesen.

Offensichtlich sind Menschen, nicht nur auf Grund der hohen Personalkosten, einer der entscheidenden Faktoren in der Softwareprojekten: Softwaresysteme werden heute (und sicher auch in absehbarer Zukunft) von **Menschen** mit Hilfe des Wissens zahlreicher weiterer Menschen wiederum für Menschen erstellt: Der „Faktor Mensch" und seine Fähigkeiten sowohl im technischen Bereich, als auch im zwischenmenschlichen Umgang miteinander, spielt daher in der Softwareentwicklung eine zentrale Rolle. Der Kern aller Aufwandsschätzverfahren zielt entsprechend darauf ab, den für ein Projekt notwendigen Personalaufwand zu bestimmen. Ist dieser erst einmal ermittelt, scheint es nahezuliegen, die mögliche Projektdauer kurzerhand mit einer Division durch die Anzahl der für das Projekt vorgesehenen Mitarbeiter zu ermitteln. Lässt sich mit dem Ergebnis das vorgegebene Lieferdatum nicht einhalten, ist zudem die Versuchung groß, dem Projekt so lange weitere Mitarbeiter zuzuweisen, bis es rechnerisch im gewünschten Zeitrahmen durchführbar erscheint.

Das folgende, zugegebenermaßen drastische Beispiel soll den Trugschluss in dieser Vorgehensweise und die Wichtigkeit der Verwendung von systematischen Schätzverfahren auch zur Bestimmung der Projektdauer verdeutlichen: Nehmen wir an, ein Projekt hat einen ungefähren Aufwand von 150 Personenmonaten, so sollte es sich mit 10 Entwicklern in etwa 15 Monaten durchführen lassen. Erhöhen wir auf 15 Entwickler ließe sich das Projekt eventuell in 10 Monaten zum Abschluss bringen. Wie ist es aber mit 75 Entwicklern in 2 Monaten? Oder wenn wir es besonders eilig haben, weisen wir dem Projekt einfach 600 Mitarbeiter zu und beenden es innerhalb einer Woche? Spätestens der letzte Schritt verdeutlicht, dass zwischen Zeit und Arbeitskraft kein linearer Zusammenhang besteht, also nicht jeder ehrgeizige Zeitplan einfach durch das Hinzufügen weiterer Mitarbeiter erreicht werden kann. Bereits Frederick Brooks [Brooks 95] hat diesen Widerspruch in den 1970er Jahren erkannt und damals festgestellt, dass das Hinzufügen neuer Mitarbeiter ein bereits verspätetes Projekt nur noch stärker verzögern wird. Diese Regel ist heute gemeinhin als das **Brooks'sche Gesetz** bekannt [Endres & Rombach 03]; als einzige Möglichkeit, ein in Zeitverzug geratenes Projekt zu retten, gilt die sogenannte **Triage** [Yourdon 04], also das rigorose Streichen von unwichtigeren Features aus dem Anforderungskatalog.

Erschwerend kommt in der Softwareentwicklung hinzu, dass viele Aktivitäten auf Grund von Abhängigkeiten nur schlecht bis gar nicht parallelisierbar sind (wie z. B. Anforderungserfassung oder Systementwurf). Dieser Fakt hat als der sogenannte **mythische Mannmonat** [Brooks 95] ebenfalls bereits in den 1970er Jahren Eingang in die Fachliteratur gefunden und wird dort (z. B. bei [DeMarco 01] oder [Boehm 81]) immer wieder hervorgehoben. Brooks hat dies in seinem Buch mit dem netten Bild veranschaulicht, dass eine Frau üblicherweise neun Monate benötigt, um ein Kind zur Welt zu bringen, aber neun Frauen gemeinsam das Kind deshalb noch lange nicht nach einem Monat gebären können. Entsprechend finden wir die, aus der Mikroökonomie bekannten, sogenannten **Skaleneffekte**, die etwa in der Automobilindustrie dafür sorgen, dass Stückkosten beispielsweise auf Grund von sinkenden Einkaufspreisen durch Mengenrabatte oder bessere Spezialisierung der Arbeiter sinken, in der Softwareindustrie nicht wieder. Vielmehr ist dort das genaue Gegenteil der Fall, der steigende Kommunikationsaufwand bei wachsender Projektgröße führt sogar zu negativen Skaleneffekten, d. h. die Stückkosten (z. B. pro Codezeile oder Funktionseinheit) steigen bedingt durch eine steigende Anzahl von Abhängigkeiten und Kommunikationspfaden in großen Projekten deutlich an.

Den großen Einfluss der Mitarbeiter auf den Erfolg eines Projekts unterstreicht noch einmal das **Gesetz nach Nelson und Jones**, das besagt, dass die individuelle Produktivität von Softwareentwicklern generell von zahlreichen Faktoren abhängig ist. Jones [Jones 07] nennt in diesem Zusammenhang rund 200 Faktoren, deren prinzipieller Einfluss auf die Entwicklungsproduktivität zwar auf der Hand liegt, deren quantitative Auswirkungen aber noch weitgehend unerforscht sind. Wie wir später im Detail betrachten werden, bieten die meisten Schätzmodelle immerhin entsprechende Stellschrauben, um die wichtigsten davon bei der Ermittlung des Projektaufwands ungefähr zu berücksichtigen. In der Praxis werden diese aber oftmals nur verwendet, um beispielsweise Mitarbeiter als über dem Durchschnitt liegend zu klassifizieren und so die prognostizierten Aufwände zu reduzieren. Offensichtlich können aber gerade in Großprojekten nicht Dutzende Mitarbeiter über dem Durchschnitt liegen. Diese Annahme wird übrigens auch durch die Ergebnisse empirischer Forschungen gestützt, die gezeigt haben, dass die individuelle Produktivität von Softwareentwicklern um den Faktor 30 (in Worten: dreißig) auseinander liegen kann (**Sackman's Law**). Zur „Beruhigung" sei an dieser Stelle erwähnt, dass sich Mitarbeiter ähnlicher Produktivitätsstufen offenbar häufig in einem Unternehmen „clustern", so dass sich die Bandbreite dort meist auf etwa einen Faktor 10 beschränkt. Aber selbst das bedeutet, dass manche Mitarbeiter in der Lage sind, in zwei Arbeitstagen so viel zu erledigen, wie andere in einem ganzen Monat.

Es liegt nahe, Mitarbeiter durch Druck oder Anreize zu härterem bzw. meist vor allem zu längerem Arbeiten zu motivieren. Ganz offensichtlich sind Menschen aber keine Roboter mit Gehirnen von IBM, wie in dem bekannten Popsong *Mr. Roboto* kolportiert, und können daher auch nicht einfach höher getaktet oder ohne Pause rund um die Uhr eingesetzt werden. Anders ausgedrückt, werden Menschen, wie bereits von Tom DeMarco [DeMarco 01] dargelegt, auch unter Druck nicht schneller denken bzw. lernen können, sondern jeder einzelne nur im Rahmen seiner Möglichkeiten. Ferner gibt es deutliche Hinweise darauf, dass mental anspruchsvolle Tätigkeiten wie die Softwareentwicklung am effektivsten innerhalb eines konzentrierten 8-Stunden-Arbeitstages ausgeführt werden. **Überstunden** (seien sie nun freiwillig oder angeordnet) führen, wenn überhaupt nur zu einer marginalen Erhöhung der Produktivität. Was nach selbstverständlichen Weißheiten klingt, wird gerade in Softwareprojekten aber immer wieder gern ignoriert. Ein gesundes Maß an Druck hat zwar vermutlich noch niemandem geschadet, der Grat zu zu viel Druck ist nichtsdestotrotz sehr schmal, und sobald er überschritten wird, bleibt schnell nicht nur die Motivation oder gar die **Gesundheit** der Mitarbeiter, sondern auch die **Qualität** des Produkts auf der Strecke. Gerade eine mangelhafte Systemqualität führt sehr schnell zu weiterer Demotivation der Projektmitarbeiter, da sie in ihrer täglichen Arbeit ihren eigenen Ansprüchen nicht mehr gerecht werden können. Tatsächlich sind nicht nur Manager häufig zu blauäugig, was die Möglichkeiten ihrer Mitarbeiter angeht, auch die Mitarbeiter selbst gehen oft von idealisierten Arbeitsbedingungen aus und schätzen daher sogar Aufwände in ihrem Spezialgebiet etwa 30 % geringer, als sie tatsächlich sind [Boehm 81]. Wird auf Seiten des Managements zusätzlich noch das genaue Gegenteil (nämlich die Anwendung des bereits genannten Scotty-Prinzips) vermutet und eine zu optimistische Schätzung noch weiter reduziert, kann alleine dadurch ein Schätzfehler von 50 % und mehr verursacht werden. Die möglichen Folgen für einen darauf basierenden Projektplan liegen auf der Hand.

Noch heute scheinen in großen Software-Entwicklungsprojekten die genannten Gesetzmäßigkeiten vielen, oft nur für klassische Produktionsumgebungen mit Fließbandcharakter ausgebildeten Projektleitern weitgehend unbekannt zu sein. Oder schlimmer noch, sie werden für das eigene Projekt, das natürlich mit Bedacht und viel Fingerspitzengefühl gesteuert wird, und für das nur die allerbesten Leuten rekrutiert worden sind, schlichtweg als außer Kraft gesetzt betrachtet. Die Erfahrungen aus vier Jahrzehnten Software Engineering sprechen eine andere Sprache.

Grundlagen der Aufwandsschätzung

Wie wir im Folgenden sehen werden, lassen sich die bisher genannten Herausforderungen bei der Aufwandsabschätzung weitestgehend durch gesunden Menschenverstand und konsequente Anwendung weniger Regeln und einiger Formeln (die sich mit Hilfe von Schulmathematik verstehen lassen) erkennen und aus dem Wege räumen. Auch das generische Rezept zur Durchführung von Aufwandsschätzungen ist alles andere als kompliziert, lautet es doch schlicht: Zählen und Rechnen ist besser als „Raten" (bzw. haltloses Schätzen). Das gilt sowohl für die manuellen Schätztechniken, als auch für die modellbasierten Schätzverfahren, die wir später noch kennenlernen werden. Letztere heißen in der Softwaretechnik üblicherweise **algorithmische Kostenmodelle** bzw. werden manchmal auch **parametrische Modelle** genannt. Kern eines solchen Modells ist eine mathematische Formel, die aus der gemessenen oder geschätzten Größe einer Software und weiteren Einflussfaktoren, wie z. B. der Art des zu entwickelnden Systems oder der Volatilität der Anforderungen, einen ungefähren Entwicklungsaufwand (meist in Personenmonaten) ableitet. Die meisten der heute verwendeten Kostenmodelle sind empirischer Natur, d. h. ihre Schätzfunktionen beruhen auf Regressionsanalysen, die aus den Aufwandsdaten einer Anzahl von untersuchten Projekten gewonnen worden sind. Mit der Familie der COCOMO-Ansätze [Boehm 81 & 00] fällt beispielsweise die bekannteste Gruppe von Kostenmodellen in diese Unterkategorie. Weniger gängige Ansätze, die die zu erwartenden Aufwände aus theoretischen Überlegungen abzuleiten versuchen, bezeichnet man als analytische Modelle.

Letztlich teilen also alle Ansätze zur Aufwandsschätzung zwei grundsätzliche Herausforderungen: zum einen die Überlegung, wie sich die zu erwartende Größe einer Software zuverlässig abschätzen bzw. besser frühestmöglich konkret abmessen lässt, und zum anderen die Frage, wie gut eine Vorhersagefunktion die gemessene Größe und weitere Einflussfaktoren eines Projekts in Aufwand umzurechnen vermag. Diesen Fragestellungen wollen wir im Folgenden zunächst dadurch auf den Grund gehen, dass wir einige in agilen Vorgehensmodellen angewendete Techniken genauer betrachten, die, kombiniert mit einer Portion gesundem Menschenverstand und etwas Disziplin bei der Anwendung, bereits erstaunlich akkurate

Vorhersageergebnisse erzielen können. So ist beispielsweise Scrum mit Hilfe teamspezifischer (Regressions-)Daten in der Lage, bereits nach kurzer Zeit recht genaue Schätzungen für den Gesamtprojektaufwand zu liefern und soll uns aus diesem Grund als ein erstes Anschauungsobjekt dienen, mit dessen Hilfe sich grundlegende Prinzipien der Aufwandsschätzung illustrieren und erlernen lassen.

... am Beispiel von Scrum

Agile Vorgehensmodelle wie **Extreme Programming** und **Scrum** versuchen Software nach dem Vorbild der Lean Production (also der schlanken Produktion) in klassischen Industrien zu entwickeln und konnten damit in den vergangenen Jahren eine immer größere Anhängerschaft für sich gewinnen. Obwohl böse Zungen nach wie vor behaupten, „agil" sei nur ein Euphemismus für ein ungeplantes Ad-hoc-Vorgehen, enthält ein agiles Management-Framework wie Scrum [Schwaber & Beedle 08] eine Menge brauchbarer Ideen, die, konsequent umgesetzt, auch in nicht agilen Projekten nutzbringend angewendet werden können. Wie alle agilen Vorgehensmodelle verfolgt auch Scrum, auf den sich die folgenden Erklärungen konzentrieren, eine iterative und inkrementelle Vorgehensweise. Das bedeutet, dass Projekte in eine Reihe von besser beherrschbaren Miniprojekten bzw. Iterationen, in Scrum Sprints genannt, zerlegt werden. Ein **Sprint** umfasst eine vorher verabredete Zeitspanne von einer bis maximal vier Wochen, in der eine zuvor festgelegte Menge von Anforderungen verfeinert und in ein Systeminkrement (also ein neues Teil des Gesamtsystems) umgesetzt wird. Scrum verabschiedet sich ganz bewusst von dem Gedanken, Projekte mit allen Eventualitäten mehrere Monate oder gar Jahre im Voraus planen zu können und setzt stattdessen auf eine sogenannte **empirische Prozessüberwachung**, um sozusagen auf Sicht durch ein Projekt zu navigieren. Hinter diesem etwas sperrig anmutenden Begriff verbirgt sich nichts weiter als die simple Idee, die Planung für den weiteren Projektverlauf regelmäßig mit Hilfe vorliegender Projektdaten zu überprüfen und gegebenenfalls anzupassen, sobald sich Abweichungen aus dem bisherigen Projektverlauf extrapolieren lassen.

Die Zeitplanung für das Gesamtprojekt erfolgt in Scrum über das sogenannte Product Backlog, in dem alle umzusetzenden Anforderun-

gen und weitere Aufgaben (wie z. B. das Aufsetzen der Entwicklungs-
umgebung oder eine notwendige Prototyperstellung) eingetragen
werden. Jeder Backlog-Eintrag bekommt nach und nach zwei wichtige
Kennzahlen zugewiesen, nämlich zum einen seine Priorität und zum
anderen seine „Größe", gemessen in **Story Points** (dazu gleich mehr).
Zu Beginn eines Sprints legt sich ein Scrum-Entwicklungsteam auf
eine realistische Anzahl von Einträgen (und damit Story Points) aus
dem Product Backlog fest, woraufhin diese in das sogenannte **Sprint
Backlog** übernommen werden. Wichtig dabei ist, dass ein Scrum-
Team nicht vom Kunden oder Management unter Druck gesetzt werden darf, mehr Story Points umzusetzen, als es selbst für machbar
hält. Scrum sieht im Übrigen die optimale Teamgröße bei etwa 5 bis 7
Entwicklern, wobei es sich idealerweise um sogenannte generalisierte
Spezialisten, also Mitarbeiter mit guten Kenntnissen in allen Bereichen der Softwareentwicklung, handeln sollte.

Die Anzahl von in einem Sprint umsetzbaren Backlog-Einträgen abzuschätzen, ist zu Beginn eines Projekts zwar alles andere als einfach
(Details zum Vorgehen folgen gleich), da aber die tatsächlich umgesetzten Story Points am Ende jedes Sprints gezählt werden, lässt
sich für ein Scrum-Team bereits nach wenigen Iterationen eine durchschnittliche **Entwicklungsgeschwindigkeit** (d. h. die Produktivität
des Teams) prognostizieren, mit deren Hilfe auch ein ungefährer Zeitpunkt für die Fertigstellung des Projekts veranschlagt werden kann.
Dies erfolgt mit der einfachen, aus dem Physik-Unterricht in der Schule bekannten Formel zur Berechnung der Geschwindigkeit:

$$v = \frac{s}{t} \text{ bzw. genauer: } v = \frac{\Delta s}{\Delta t}$$

Dabei steht v in Scrum für die Entwicklungsgeschwindigkeit (engl. **ve-
locity**), s beschreibt die umgesetzte Anzahl der Story Points und t die
dafür verbrauchte Zeit, also z. B. die Anzahl der Iterationen. Grafisch
lässt sich das sehr schön in einem sogenannten Release **Burndown
Chart** veranschaulichen, in dem die Summe der noch verbleibenden
Story Points nach jedem Sprint in einem Balkendiagramm dargestellt
wird. Grundsätzlich werden in Scrum übrigens nur Story Points als
erledigt gezählt, deren zugehörige Anforderung auch vom Kunden als
umgesetzt akzeptiert wurde. Dabei gilt das „Alles-oder-nichts-Prin-
zip": Ist eine Anforderung vollständig umgesetzt, werden ihre Story

Points zu 100 % für den Sprint gezählt, wird sie nicht abgenommen, werden überhaupt keine Story Points gezählt, und sie muss in einem der folgenden Sprints vollständig neu eingeplant werden.

Ist auf diese Weise die Entwicklungsgeschwindigkeit aus den ersten Sprints ermittelt, kann mit ihrer Hilfe anhand der noch nicht abgearbeiteten Backlog-Einträge das voraussichtliche Projektende vorhergesagt werden. In der folgenden Abbildung wurde beispielsweise mit Hilfe der durchschnittlichen Entwicklungsgeschwindigkeit aus den ersten drei Sprints (13+15+14 ergibt 14 Story Points pro Sprint) das voraussichtliche Projektende in einem Burndown Chart projiziert. Die in der Abbildung dargestellten Balken stehen jeweils für die Menge der am Ende eines Sprints noch zu implementierenden Story Points. Die Zahlen am unteren Rand der Balken geben an, wie viele Story Points im jeweiligen Sprint erfolgreich abgearbeitet werden konnten.

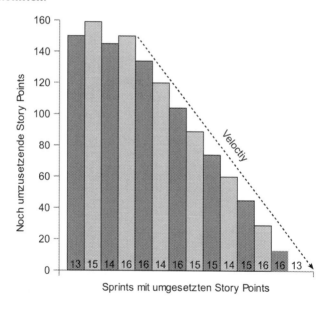

Sprints mit umgesetzten Story Points

Da agile Projekte zu Beginn die meisten Anforderungen nur oberflächlich erfassen und erst im Projektverlauf weiter detaillieren, ist es, wie auch in der Abbildung bei Sprint 2 und Sprint 4 zu sehen, durchaus nicht unüblich, dass die Gesamtzahl der zu bearbeitenden Story Points in den ersten Iterationen eines Projekts noch weiter anwachsen und die Prognose des Liefertermins sich verschlechtern kann. Mit Hilfe dieser einfachen Technik zeigt sich in einem Scrum-Projekt also schon nach sehr kurzer Zeit (einige Wochen bis wenige Monate), ob vorliegende Erwartungen bzw. Zielvorgaben tatsächlich realistisch sind und eingehalten werden können. Wird in einer Organisation iterative und agile Softwareentwicklung jedoch nicht wirklich gelebt, ist es mitunter schwierig, mit einer solchen Prognose nach kurzer Zeit bei den richtigen Stellen Gehör zu finden. Dennoch werden die Zahlen in den allermeisten Fällen recht behalten.

Planspiele

Die Entwickler von agilen Vorgehensmodellen haben aus verschiedenen Fehlern der (Wasserfall-)Vergangenheit gelernt und versuchen Anforderungen für ein Projekt auf Basis der gewünschten Funktionalität so weit zu zerlegen, dass sie zuverlässig abschätzbar werden. Die dafür verwendete Maßeinheit **Story Points** ist allerdings kein absolutes Maß (wie z. B. Lines of Code oder Function Points, die wir später noch kennenlernen werden), sondern nur ein relatives, d. h. teamspezifisches Maß, das dazu dient, Anforderungen untereinander vergleichen zu können.

Um alle Teammitglieder gleichberechtigt in die Aufwandsabschätzungen einzubeziehen, verwenden agile Methoden häufig ein sogenanntes Planspiel, in Scrum gewöhnlich **Planning Poker** genannt. Der Spielablauf ist wie folgt: Eine typischerweise als **User Story** [Schwaber & Beedle 08] festgehaltene Anforderung wird dem Team vom Product Owner (einer Mischung aus Produkt- und Projektmanager) vorgestellt. Jedes Teammitglied verfügt über einen Satz von Pokerkarten, die üblicherweise etwa die ersten sechs bis acht Zahlen der Fibonacci-Folge und die Null für die zu schätzende Anzahl an Story Points enthalten. Weitere mögliche Varianten sehen zusätzlich eine Karte mit einer Kaffeetasse („Ich brauche eine Pause"), mit einem Fragezeichen („Anforderung unklar") und einem „too large" vor. Wie in der folgenden Tabelle gezeigt, berechnet sich eine neue Zahl der Fibonacci-Folge jeweils durch Addition ihrer beiden Vorgänger, so dass die Folge umso schneller zu wächst, je weiter sie voranschreitet.

Anzahl Story Points	Beschreibung
0	praktisch überhaupt kein Aufwand
1	der kleinste mögliche Aufwand
2	ein sehr kleiner Aufwand, etwa zwei kleinste Aufwände zusammen
3	ein kleiner Aufwand, etwa ein kleinster und ein sehr kleiner zusammen
5	ein mittlerer Aufwand
8	ein großer Aufwand
13	ein sehr großer Aufwand
21	ein riesiger Aufwand
too large	ein viel zu großer, nicht mehr zu überblickender Aufwand

Dieses zunehmende Wachstum ist gewollt, bringt es doch die üblicherweise stark anwachsende Schätzungenauigkeit bei der Abschätzung von (zu) großen Anforderungen zum Ausdruck. Die Grundidee des Planning Poker ist nun, die Schätzungen zu Beginn so zu kalibrieren, dass eine oder mehrere sehr kleine, gut verstandene und überschaubare Anforderungen auf einen oder zwei Story Points festgesetzt werden.

Danach kann das eigentliche Planspiel beginnen, da weitere Anforderungen relativ zu diesem künstlich festgelegten Eichpunkt abgeschätzt werden können. Der Product Owner wählt jeweils die nächste Anforderung aus, beschreibt sie dem Team und diskutiert ggf. offene Fragen mit den Teammitgliedern. Sobald alle Fragen geklärt sind, werden die Teammitglieder gebeten, diejenige ihrer Karten verdeckt vor sich auf den Tisch zu legen, die den Aufwand der vorliegenden Anforderung aus ihrer Sicht am besten bewertet. Haben alle „Spieler" eine Karte abgelegt, werden diese gleichzeitig aufgedeckt, wodurch gewährleistet wird, dass auch die Schätzungen von zurückhaltenderen Teammitgliedern bis dahin unbeeinflusst erfolgen konnten. Zeigen alle Karten die gleiche Anzahl Story Points, gilt die diskutierte User Story mit dem entsprechenden Wert als geschätzt. Sind Abweichungen aufgetreten, werden diese diskutiert und insbesondere die Spieler mit der höchsten und der niedrigsten Schätzung nach einer Begründung für ihre Annahmen gefragt. Nach einer Diskussion der neuen Erkenntnisse wird wie zuvor geschätzt und der Prozess ggf. so lange wiederholt, bis eine einheitliche Schätzung erreicht ist. Dies ist glücklicherweise meist nach wenigen Wiederholungen der Fall. Sollten Zweifel an der Korrektheit von zuvor geschätzten Anforderungen aufkommen, sind diese ggf. noch einmal zu überprüfen, um sicherzustellen, dass die neuen Schätzergebnisse im Vergleich zu den bisherigen Schätzungen konsistent geblieben sind.

Zeitplanung

Sprints sind die zentralen Elemente, mit deren Hilfe in Scrum Produktinkremente (also lauffähige Teile der Software) erstellt werden. Was das Arbeitstempo betrifft, sollten wir uns aber von diesem Namen nicht in die Irre leiten lassen. Da ein Projekt üblicherweise eher mit einem Marathon- als einem Kurzstreckenlauf gleichzusetzen ist, baut Scrum auf ein nachhaltiges Arbeitstempo, das es allen Mitarbeitern erlaubt, ohne Überlastung dauerhaft an einem Projekt zu arbeiten. Weitere wichtige Regeln sind, dass Sprints auf eine vorab festgelegte Zeitspanne begrenzt bleiben müssen, und dass die jeweiligen Aufwände für Sprintplanung und -abschluss zusammen nicht mehr als 10 % der verfügbaren Zeit beanspruchen dürfen (dies entspricht z. B. bei vierwöchigen Iterationen zweimal einem Tag). Scrum geht davon aus, maximal einen Zeitraum von vier Wochen im Detail planen zu können und sieht für die Sprintplanung die im Folgenden diskutierten Planungsaktivitäten vor: Der Product Owner bereitet üblicherweise im Verlauf des jeweils aktuellen Sprints ein realistisches und prägnantes Ziel für den folgenden Sprint vor und wählt gemäß der festgelegten Prioritäten passende Anforderungen aus dem Product Backlog aus. Zu Beginn eines Projekts kann es dabei sinnvoll sein, hochpriore, aber sehr komplexe Anforderungen zurückzustellen, um dem Team die Möglichkeit zu geben, sich mit einfacheren Aufgaben aufeinander einzuspielen. Ggf. kann es für den Product Owner notwendig werden, sich zur Vorbereitung der eigentlichen Planungssitzung mit einigen Teammitgliedern zu treffen, um die gewählten Anforderungen so aufzubereiten, dass sie später vom gesamten Team zügig verstanden und geplant werden können. Sollte es nicht möglich sein, die Anforderungen entsprechend aufzubereiten, kann das darauf hindeuten, dass z. B. die Erstellung eines Prototypen als Aufgabe für den nächsten Sprint angesetzt werden sollte.

In der Sprint-Planungssitzung, die die genaue Zeitplanung für den bevorstehenden Sprint zum Ziel hat, behält immer das Team das letzte Wort über die Anzahl der umzusetzenden Anforderungen. Um in diesem Meeting das **Sprint Backlog** erstellen zu können, muss jedes Teammitglied zuvor seine verfügbare Kapazität, d. h. seine zu erwartende **Bruttoarbeitszeit** ermitteln. Diese umfasst die regelmäßige Anwesenheit abzüglich Fehltage wie Urlaub, Feiertage oder Weiterbildungen. Auch die Aufwände für Sprintplanung und -abschluss (wie gesagt, maximal 10 % der für den Sprint zur Verfügung stehenden Zeit) sind abzuziehen. Scrum geht davon aus, dass die Bruttoarbeitszeit ungleich der Zeit ist, die tatsächlich für das Projekt zur Verfügung steht (also der **Nettoarbeitszeit**), da sonstige Tätigkeiten wie Telefonate, Meetings und ähnliche Aktivitäten üblicherweise etwa ein Viertel bis ein Drittel eines regulären Arbeitstages in Anspruch nehmen. In der Praxis sind durchaus auch noch extremere Werte bekannt. Es empfiehlt sich daher, die Nettoarbeitszeit für ein neues Projekt mindestens um 25 % niedriger anzusetzen und diese Zahl im Projektverlauf zu kalibrieren, also an die tatsächlichen Gegebenheiten anzupassen. Auf diese Weise lässt sich die für einen Sprint tatsächlich zur Verfügung stehende Arbeitszeit des Teams (in Personenstunden), die zur Abarbeitung des Sprint Backlog genutzt werden kann, mit einfachen Mitteln abschätzen.

Anforderungen oder andere Aufgaben liegen zu diesem Zeitpunkt üblicherweise nur in grober Form (also z. B. als User Stories) und auch größenmäßig nur relativ in Story Points abgeschätzt vor, haben also noch keinen direkten Bezug zum benötigten Umsetzungsaufwand. Um böse Überraschungen im Sprint zu vermeiden, ist es in der Planungssitzung Aufgabe des Teams, alle Aktivitäten (Design, Implementierung, Testen etc.) zu finden, die zur Umsetzung eines Product-Backlog-Eintrags erforderlich sind, und diese in das Sprint Backlog zu übernehmen. Alle Sprint-Backlog-Einträge müssen ebenfalls mit einer Aufwandsabschätzung versehen werden und zwar dieses Mal mit einer konkreten Anzahl von benötigten Personenstunden. Die Literatur zu Scrum empfiehlt eine maximale Genauigkeit von einem Viertel-Personentag und je nach Autor pro Aktivität eine obere Grenze von ein bis zwei Personentagen. Aufgaben, für deren Umsetzung mehr Zeit veranschlagt wird, gelten als zu groß und entsprechend mit zu großen Schätzungenauigkeiten behaftet und sollten weiter zerlegt werden, bis sie im genannten Zeitrahmen erledigt werden können. Sind alle Aktivitäten entsprechend abgeschätzt, lässt sich durch Aufsummieren der Zeitaufwände und einen Vergleich mit der summierten Nettoarbeitszeit des Teams sehr leicht erkennen, ob die geplanten Backlog-Einträge im kommenden Sprint umgesetzt werden können. Ggf. ist zu diesem Zeitpunkt natürlich ein Nachlegen in bzw. Entfernen von Anforderungen aus dem Sprint Backlog möglich. Dabei behält aber stets das Team das letzte Wort über die Machbarkeit. Getreu dem Motto „Puffer statt **Überstunden**" [Mangold 09] weist übrigens auch die Scrum-Literatur immer wieder darauf hin, dass die vorhandene Nettoarbeitszeit des Teams nur zu maximal 85 % verplant werden sollte, da unvorhergesehene Zwischenfälle sonst automatisch zu Überstunden, Stress und letztendlich zu fallender Entwicklungsproduktivität führen werden.

Insgesamt ist Scrum ein relativ überschaubares Vorgehensmodell, enthält aber dennoch weit mehr interessante Managementtechniken, als wir in dieser kompakten Darstellung mit Fokus auf Aufwandsabschätzungen besprechen können. Geeignete weiterführende Literatur, diese genauer zu erkunden, ist beispielsweise das bereits erwähnte Buch des Scrum-Mitentwicklers Ken Schwaber [Schwaber & Beedle 08] oder das allgemeiner auf agile Methoden eingehende Werk von Hruschka et al. [Hruschka 03]. Ähnlichkeiten von in Scrum verwendeten Techniken mit den im Folgenden diskutieren Vorgehensweisen (wie z. B. der Delphi-Methodik oder Expertenschätzungen) und anderen heute verwendeten Vorgehensmodellen sind übrigens sicherlich nicht zufällig: Wie so oft in der Software-Industrie standen auch hier verschiedene ältere Ansätze Pate und lieferten hilfreiche Best Practices, die gemeinsam den Kern der Lean-Development-Philosophie von Scrum ausmachen.

Einfache Schätztechniken

Nachdem uns Scrum einen ersten Einblick in Schätzmodelle zur Softwareentwicklung geliefert hat, betrachten wir in diesem Unterkapitel zunächst einige grundlegende Techniken, die sich sehr gut einsetzen lassen, um mit wenig Aufwand, frühzeitig ein erstes Gefühl für den Aufwand eines Projekts zu bekommen. Mit einem gesteigerten Schätzaufwand ermöglichen sie später im Projektverlauf sogar eine recht präzise Abschätzung des zu erwartenden Entwicklungsaufwands. Im Wesentlichen ist dazu die Übersicht über die im Projekt erforderlichen Tätigkeiten und etwas Erfahrung zur Abschätzung des zur Umsetzung erforderlichen Aufwands völlig ausreichend. Bevor wir uns aber konkret mit den Schätzverfahren auseinandersetzen können, sollten wir uns zunächst noch einmal ins Gedächtnis rufen, welche Tätigkeiten bei der Planung und Durchführung großer Softwareprojekte eine Rolle spielen.

Teile und herrsche

Heutige Softwaresysteme sind meist viel zu komplex, um von einer einzelnen Person als monolithische Einheit entwickelt werden zu können. Die Koordination von zahlreichen Projektbeteiligten findet sich also als eine zentrale Herausforderung im Projektmanagement wieder, von wo wir uns aus diesem Grund zunächst die sogenannte Netzplantechnik [Mangold 09] in Erinnerung bringen: Prinzipiell geht es darum, ein Projekt in voneinander abhängige Teilaktivitäten zu zerlegen, um auf deren Basis eine Zeitplanung erstellen zu können. Das dahinter stehende „Divide-and-Conquer-Prinzip" ist nicht nur für die Planung nützlich, sondern erleichtert, wie bei Scrum bereits gesehen, auch die Aufwandsschätzungen, da es offensichtlich einfacher und genauer ist, eine überschaubare Teilaktivität und nicht gleich ein komplettes Projekt schätzen zu müssen.

Diese Vorgehensweise ist zwar prinzipbedingt mit mehr Aufwand verbunden, kann sich aber z. B. auch in einem Verkaufsgespräch mit einem Kunden durchaus lohnen. So wirkt (und ist) eine Aufschlüsselung eines Projekts in vielleicht 30 Unteraktivitäten bzw. Komponenten, die sich schlüssig zur gesamten Projektdauer addieren, mit Sicherheit professioneller als ein einzelner, grob über den Daumen gepeilter und schlecht begründbarer Wert. Auch mathematisch betrachtet ist diese Zerlegung vor dem Hintergrund des Gesetzes der großen Zahlen vorteilhaft, zumindest wenn wir davon ausgehen, dass sich das Über- und Unterschätzen bei den einzelnen Teilaktivitäten in etwa die Waage halten. In einem solchen Fall mitteln sich Schätzfehler heraus, und es ist wahrscheinlich, dass eine Addition von Einzelschätzungen letztlich näher am tatsächlichen Ausgang des Projekts liegen wird, als eine einzelne Schätzung für das gesamte Projekt.

Aber zurück zur Netzplantechnik: Unter der Voraussetzung, dass Abhängigkeiten zwischen Teilaktivitäten bekannt sind (also z. B. müssen Anforderungen an eine Komponente erfasst sein, bevor ein Design für sie erstellt werden kann), lassen sich diese hinter- bzw. ggf. auch nebeneinander anordnen, so dass die minimale Projektdauer, also der sogenannte kritische Pfad, bestimmt werden kann. **Puffer** für andere Pfade durch das Projekt ergeben sich automatisch, da diese im Normalfall kürzer sind. Das Wasserfallmodell [Bunse & v. Knethen 08] stellt zwar aus Sicht des Projektmanagements eine einfache und effektive Unterteilung eines Entwicklungsprojekts in einzelne Entwicklungsphasen (Anforderungsanalyse, Softwareentwurf, Implementierung, Testen) dar, als Grundlage für Aufwandsschätzungen und einen Netzplan ist es allerdings zu grob, so dass sich in der Literatur wie beispielsweise bei Jones [Jones 07] eine feinere Aufschlüsselung in 25 notwendige Entwicklungsaktivitäten findet. Verfeinert man diese nochmals in Unteraktivitäten, gelangt man zu einer Menge von etwa 50 bis 100 Aufgaben, die im Englischen die **Work Breakdown Structure** (oder kurz WBS) eines Softwareprojekts genannt wird. Neben einer am Wasserfallmodell angelehnten generischen WBS findet sich beispielsweise in Barry Boehms Buch [Boehm 00] auch eine an den moderneren Rational **Unified Process** (RUP, s. [Larman 05]) angepasste Version. Jones argumentiert, dass zur Erstellung von Schätzungen üblicherweise eine Verfeinerung auf die Ebene der 25 genannten Entwicklungsaktivitäten (pro Komponente) ausreichend sei. Das Ableiten einer Aufwandsschätzung aus der Summe der ungefähren Aufwände von Teilaktivitäten ist somit durch zwei Eigenschaften charakterisierbar: zum einen erfolgt es von unten nach oben (also bottom-up) und zum zweiten handelt es sich um ein lineares Verfahren, das mögliche negative Skaleneffekte in sehr großen Projekten (mehr dazu auf Seite 33) nicht berücksichtigt.

Wie wir noch sehen werden, ist auch der umgekehrte Weg (also ein Top-down-Vorgehen) möglich. Mit Hilfe algorithmischer Schätzmodelle (s. ab Seite 68) wird anhand verschiedener Projektparameter der Gesamtaufwand für ein Projekt abgeschätzt und anschließend auf die einzelnen Entwicklungsaktivitäten heruntergebrochen. Die dafür notwendige ungefähre prozentuale Zuordnung der Aufwände auf die jeweiligen Phasen findet sich ebenfalls bei Boehm; wir werden diese auf Seite 88 noch genauer betrachten. In der Praxis werden übrigens meist beide Verfahren miteinander kombiniert: Die initiale Aufwandsabschätzung wird mit Hilfe eines algorithmischen Modells erstellt und anteilig auf einzelne Anforderungen heruntergebrochen. Auf Basis der Entwicklungsaktivitäten erfolgt anschließend eine Verteilung der zur Verfügung stehenden Ressourcen auf diese und letztlich die Erstellung eines detaillierten Projekt- bzw. Iterationsplans.

Analogieschlüsse

Sicherlich eines der am einfachsten durchführbaren Schätzverfahren sind Analogieschlüsse, vorausgesetzt, es existieren brauchbare Vergleichsdaten von mindestens einem ähnlichen Vorgängerprojekt. Das prinzipielle Vorgehen ist bereits im Mathematikunterricht der Schule gebräuchlich, nutzt es doch einen simplen **Dreisatz**, um aus Größe und bekanntem Entwicklungsaufwand eines Altsystems und der geschätzten Größe eines Neusystems den Entwicklungsaufwand für das neue System abzuleiten. Hilfreich ist es dabei, das Altsystem in wenigstens fünf Teile oder Aktivitäten zerlegen zu können, wozu sich natürlich die Verwendung einer Work Breakdown Structure als Grundlage anbietet. Generell gilt, je mehr Einzelschritte bzw. -teile verglichen werden können, desto genauer wird das Ergebnis ausfallen, allerdings um den Preis eines entsprechend höheren Aufwands.

Idealerweise sind für das Altsystem entweder die Lines of Code (LOC, weitere Details ab Seite 35) oder direkt der investierte Aufwand in Personenmonaten bekannt, und ein anderes Größenmaß (wie z. B. die Anzahl der Datenbanktabellen) ist einfach abzählbar, wie beispielhaft in der folgenden Tabelle für eine recht überschaubare Webapplikation gezeigt:

Systemteil	Anzahl	Größe
Benutzerschnittstelle	15 Webseiten	2.500 LOC
Reports	10 Reports	3.000 LOC
Geschäftsprozesse	8 Prozesse	1.600 LOC
Entitäten	24 DB-Tabellen	2.400 LOC
Utilities	12 Klassen	2.000 LOC
Summe	-	11.500 LOC

Wichtig bei diesem Vorgehen ist natürlich, die tatsächlichen Werte des Altsystems zum Vergleich heranzuziehen und nicht an Stelle des tatsächlichen Aufwands nur die ursprüngliche Schätzung oder Planung als Vergleichsgrundlage zu verwenden. Die folgende Tabelle zeigt zunächst die so ermittelten Multiplikationsfaktoren für das Neusystem.

Systemteil	Anzahl alt	Schätzung neu	Faktor
Benutzerschnittstelle	15 Webseiten	18 Webseiten	1,2
Reports	10 Reports	15 Reports	1,5
Geschäftsprozesse	8 Prozesse	6 Prozesse	0,75
Entitäten	24 DB-Tabellen	20 DB-Tabellen	0,83
Utilities	12 Klassen	15 Klassen	1,25

Mit deren Hilfe kann nun die ungefähre Größe des Neusystems auf Basis seiner Einzelteile abgeschätzt werden, wie in der folgenden Tabelle dargestellt.

Systemteil	Größe alt	Faktor	Größe neu
Benutzerschnittstelle	2.500 LOC	1,2	3.000 LOC
Reports	3.000 LOC	1,5	4.500 LOC
Geschäftsprozesse	1.600 LOC	0,75	1.200 LOC
Entitäten	2.400 LOC	0,83	2.000 LOC
Utilities	2.000 LOC	1,25	2.500 LOC
Summe	11.500 LOC	-	13.200 LOC

Liegt, wie in der Tabelle gezeigt, nur die Größe des Altsystems vor, kann auch nur die ungefähre Gesamtgröße des Neusystems geschätzt werden, die dann z. B. als Eingangsparameter für ein algorithmisches Schätzmodell (ab Seite 68) verwendet werden sollte. Liegt zumindest pauschal der für die Erstellung des Altsystems benötigte Aufwand vor, kann auch dieser für das Neusystem hochgerechnet werden. Nehmen wir an, die Entwicklung des Altsystems habe insgesamt etwa 25 Personenmonate Aufwand benötigt, so müssen wir diese mit dem Größenverhältnis der beiden Systeme (13.200 geteilt durch 11.500) multiplizieren und erhalten einen Aufwand von ungefähr 29 Personenmonaten. Noch besser wäre es natürlich, wenn die Aufwände sogar heruntergebrochen auf die einzelnen Systemteile vorhanden wären, denn dann erhalten wir ohne den Umweg über die LOC die Prognose für die Aufwände der einzelnen Systemteile.

Wie zuvor bereits angedeutet, ist eine möglichst große Ähnlichkeit zwischen beiden Systemen wichtig, das schließt sowohl die Zielplattform als auch andere Einflüsse wie das Projektteam oder schlicht das Systemumfeld (ein nur „inhouse" verwendetes Intranetsystem ist beispielsweise mit dem zentralen Online-Shop eines Versandhändlers nur schwer vergleichbar) mit ein. So macht es beispielsweise wenig Sinn, ein in Cobol erstelltes Altsystem mit einem Neusystem in Java vergleichen zu wollen. Mit Vorsicht zu genießen sind ferner Prognosen, bei denen Einzelfaktoren sehr groß (etwa über 2,5) oder sehr klein (etwa unter 0,5) ausfallen, da in einem solchen Fall Skaleneffekte das Ergebnis verfälschen können.

Expertenschätzungen

Schätzungen durch Experten sind ebenfalls eine einfache und daher in der Praxis weit verbreitete Methode zur Ableitung von Aufwandsschätzungen auf Anforderungsebene. Vorausgesetzt, es sind erfahrene Experten verfügbar, erreicht dieses Vorgehen in der Praxis durchaus brauchbare Ergebnisse. Dies gilt insbesondere dann, wenn nicht nur ein Experte zu seiner Meinung befragt wird, sondern etwa drei bis fünf Spezialisten mit möglichst unterschiedlichen Hintergründen ihre Schätzungen abgeben und diskutieren können. Studien belegen für Einzelschätzungen eine Fehlerrate von etwa 50 bis 60 %, während von Expertengruppen abgegebene Schätzungen sich etwa bei der Hälfte (also 25 bis 30 % Fehlerrate) einpendeln. Idealerweise werden Expertenschätzungen übrigens von den Mitarbeitern erstellt, die später auch die Umsetzung der jeweiligen Aufgabe übernehmen sollen. Sie können sowohl die erwartete Größe der Software (beispielsweise in Lines of Code) als Eingabe für ein algorithmisches Kostenmodell, als auch direkt den zu erwartenden Entwicklungsaufwand abschätzen. Da Ersteres sicher nicht einfacher oder genauer zu schätzen ist, ist es sinnvoller, direkt auf die anschaulicheren Aufwände zu fokussieren.

Ferner hat es sich in der Praxis als hilfreich erwiesen, auch Schätzklausuren von Expertengruppen zu strukturieren und zu moderieren, in der Literatur finden sich dafür zwei entsprechende Techniken, die beide nicht zufällig an das Planning Poker von Scrum erinnern. In Anspielung auf das Orakel von Delphi wurde in den späten 1940er Jahren in den USA die sogenannte **Delphi-Methode** zur Erstellung von Aufwandsschätzungen (damals natürlich außerhalb der Softwareindustrie) entwickelt. Diese sieht vor, dass verschiedene Experten unabhängig voneinander ihre Schätzungen festlegen, diese bei einem Treffen diskutieren und sich abschließend gemeinsam auf einen Wert einigen. Dieser sollte, wie beim Planning Poker von Scrum bereits beschrieben, nicht einfach der Mittelwert aller Prognosen sein, sondern ein begründeter Wert, der für alle Teilnehmer plausibel und nachvollziehbar erscheint.

Verschiedene Studien legen allerdings nahe, dass diese einfache Methodik keine deutliche Verbesserung gegenüber unstrukturierteren Schätzworkshops erbringt, so dass Barry Boehm daraus die sogenannte **Breitband-Delphi-Methode** (Wideband Delphi) entwickelt hat [Boehm 81]. In dieser finden sich noch weitere bereits aus dem Planning Poker von Scrum bekannte Elemente (die natürlich Scrum von dort übernommen hat). So wird innerhalb einer Schätzklausur nach Breitband-Delphi zunächst das Projekt von einem Moderator vorgestellt, und die einzelnen Schätzaufgaben werden den Experten mitgeteilt. Anschließend werden die Aufgaben gemeinsam abgearbeitet, wobei jeder Experte seine Schätzungen zunächst unabhängig erstellt und sein vorläufiges Ergebnis anonym dem Moderator zukommen lässt (optional können diese Schritte auch bereits vor dem eigentlichen Meeting durchgeführt werden). Der Moderator stellt die Schätzergebnisse zusammen und trägt sie in der folgenden Grafik ein, die beispielsweise auf einem Whiteboard, einem Flipchart oder auch auf einem Beamer präsentiert werden kann.

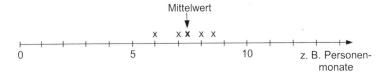

Wichtig ist dabei, die Bandbreite der Skala groß genug zu wählen, um den Teilnehmern nicht von vornherein eine Beschränkung zu suggerieren. Der Moderator trägt in diese Grafik auch den Mittelwert der Schätzungen ein, woraufhin die Teilnehmer die vorliegenden Schätzungen diskutieren, um herauszufinden, welchen Wert alle als eine realistische Prognose betrachten. Liegen alle Schätzungen sehr nahe beieinander, kann es hilfreich sein, einem der Teilnehmer die Rolle des Advocatus Diaboli zuzuweisen, der bewusst versucht, mögliche Gründe für größere Abweichungen vorzubringen. Sobald die Teilnehmer eine Schätzung als ausreichend diskutiert erachten, wird anonym darüber abgestimmt, ob der so ermittelte Erwartungswert für alle akzeptabel ist. Sollte ein Teilnehmer diesem Wert nicht zustimmen, muss die aktuelle Schätzrunde wieder von vorne begonnen werden. Werden solche Iterationen notwendig, hat es sich als sinnvoll erwiesen, auch die Ergebnisse der vorherigen Runden im Blick zu behalten, so dass die Teilnehmer erkennen können, wie die Schätzungen über die Zeit (hoffentlich) konvergieren. Steve McConnell beschreibt in seinem Buch [McConnell 06] eigene Studien anhand derer er die Ergebnisse von Wideband Delphi um ca. 50 % besser einschätzt, als die von unstrukturierteren Vorgehensweisen, natürlich um den Preis eines wesentlich höheren Zeitaufwands. Interessanterweise gibt es auch Studien, die solche Vorteile nicht nachweisen konnten, so dass es plausibel erscheint, Wideband Delphi vor allem dann einzusetzen, wenn bisher unbekannte Aufgaben abgeschätzt werden sollen. Soll also beispielsweise eine zuvor noch niemals eingesetzte Technologie verwendet werden, können die in der Schätzklausur vorgebrachten Argumente der Experten auch direkt in die Risikoanalyse [Ebert 06] des Projekts einfließen und somit diesen gesonderten Arbeitsaufwand reduzieren helfen.

Zwei- und Drei-Punkt-Schätzungen

Unter dem in der Praxis herrschenden Zeitdruck ist es nicht immer möglich, Schätzaufgaben so weit in Teilaktivitäten zu zerlegen, dass sie mit einem guten Bauchgefühl und entsprechender Genauigkeit abschätzbar wären. Schätzexperten tun sich in einem solchen Falle häufig entsprechend schwer, sich auf einen einzelnen Schätzwert festzulegen. Dieses Problem lässt sich aber mit einem kleinen Kniff, der sogenannten **Zwei-Punkt-Schätzung**, sogar dafür benutzen, die Genauigkeit von Schätzungen besser beurteilen zu können: Dafür erstellen wir für jede Teilaktivität jeweils eine optimistische (**Best Case** b_i) und eine pessimistische (**Worst Case** w_i) Schätzung aus denen sich mit Hilfe der Formel

$$e_i = \frac{(b_i + w_i)}{2}$$

ein mittlerer Erwartungswert e_i herleiten lässt, der für die weitere Projektplanung verwendet werden kann. Die Nutzung dieses Verfahrens ist besonders für frühe Projektphasen zu empfehlen, wenn noch sehr wenige Einzelheiten über das zu erstellende System bekannt sind.

Im Rahmen der sogenannten Program Evaluation and Review Technique (PERT) wurde in den späten 1950er Jahren von Lockheed und der US Navy die sogenannte **Drei-Punkt-Schätzung** (die auf der Dreiecksverteilung basiert) entwickelt. Diese sieht zusätzlich zum Best und Worst Case noch die Ermittlung eines wahrscheinlichsten (most likely) Ergebnisses m_i vor, das mit Hilfe der folgenden Formel gewichtet in die Ermittlung des Erwartungswertes einfließen kann:

$$e_i = \frac{b_i + 4 \cdot m_i + w_i}{6}$$

Die Standardabweichung s als ein Maß für die Genauigkeit des Erwartungswertes lässt sich für eine entsprechende Dreiecksverteilung als ein Sechstel der Differenz zwischen Worst und Best Case abschätzen:

$$s_i = \frac{w_i - b_i}{6}$$

Angenommen, wir schätzten die optimale Dauer einer Aktivität auf 9 Monate, den wahrscheinlichsten Verlauf auf 11 und die Dauer bei schlechtem Verlauf auf 15 Monate, so läge unser Erwartungswert bei rund 11,3 Monaten und die zugehörige Standardabweichung bei einem Monat. Eine entsprechende Reihe von einzelnen Erwartungswerten (für die Dauern verschiedener Aktivitäten) kann, wie in der folgenden Formel gezeigt, zur gesamten Projektdauer aufsummiert werden:

$$e = \sum_{i=1}^{n} e_i$$

Aus der Statistik wissen wir, dass zur Berechnung der Standardabweichung von aufsummierten Erwartungswerten die Wurzel über die Summe der Quadrate der einzelnen Standardabweichungen gebildet werden muss:

$$s = \sqrt{\sum_{i=1}^{n} s_i^2}$$

Ferner wissen wir aus der Statistik, dass sich die Summe mehrerer Erwartungswerte (bzw. ihrer Verteilungen) recht schnell einer Normalverteilung annähert, so dass wir mit dem Erwartungswert e und der Standardabweichung s die Eintrittswahrscheinlichkeiten konkreter Projektdauern abschätzen können. Weitere Hintergründe und ein Beispiel dazu folgen ab Seite 99.

Fehlerrechnung

Wenn wir langfristig unsere Fähigkeiten in der Aufwandsschätzung verbessern möchten, drängt es sich nach Abschluss eines Projekts natürlich auf, die gemachten Schätzungen mit den tatsächlichen Ergebnissen zu vergleichen. Voraussetzung dafür ist zum einen, die Schätzungen aufzubewahren und zum anderen die tatsächlichen Aufwände der durchgeführten Projekte zu erfassen. Da beides für ein effektives Controlling ohnehin notwendig ist, kommt nur noch die Fehlerrechnung selbst als minimaler Zusatzaufwand hinzu. Zu diesem Zweck bietet es sich an, den Betrag der relativen Fehlergröße (engl. magnitude of relative error oder MRE) mit Hilfe der folgenden Formel zu bestimmen:

$$MRE = \left| \frac{Aufwand - Schätzung}{Aufwand} \right|$$

Bei einer entsprechend genauen Aufwandserfassung im Projekt lässt sich der Gesamt-MRE als ein Maß für die Schätzqualität durch einfaches Aufsummieren der MREs aller Teilaktivitäten ermitteln. Alternativ kann natürlich auch der Gesamtaufwand der entsprechenden Schätzung gegenübergestellt werden. Aber Achtung, eine brauchbare Fehlerrechnung setzt natürlich voraus, dass nicht versucht wird, Äpfel mit Birnen zu vergleichen. Häufig schleichen sich nämlich unbemerkt Fehlerquellen ein, die die Aussagekraft einer Fehlerrechnung sehr schnell zunichte machen können: Entspricht der Funktionsumfang am Ende des Projekts noch dem ursprünglich geplanten oder ist durch Change Requests oder Scope Creep (s. Seite 118) neue Funktionalität hinzugekommen? Möglicherweise ist auch auf Grund von Zeitdruck im Projekt Funktionalität gestrichen worden? Wurde das bei der Bemessung des tatsächlichen Aufwands ebenso berücksichtigt wie die Frage, ob alle geplanten Aktivitäten (insbesondere das Testen) mit der ursprünglich geplanten Sorgfalt durchgeführt werden konnten? Ferner ist es natürlich wichtig, die eigentliche Aufwandsschätzung mit dem tatsächlich geleisteten Aufwand zu vergleichen und nicht etwa einen dem Kunden angebotenen Aufwand (mit einkalkuliertem Puffer) mit dem letztendlich in Rechnung gestellten. Zur Erinnerung, sind die genannten Punkte beachtet worden, gilt in der Praxis bereits ein Schätzfehler von 10 % als ein sehr guter, nur schwer erreichbarer Wert. Trotzdem sollten sich mit zunehmender Erfahrung in den bisher besprochenen und noch folgenden Techniken die MREs künftiger Projekte diesem Wert zumindest annähern.

Kampfpreise, Parkinson und ein Ding der Unmöglichkeit

Da Softwareprojekte üblicherweise nicht unbeeinflusst von äußeren Umständen stattfinden, finden sich in der einschlägigen Literatur (wie z. B. [Boehm 81]) häufig zwei weitere Schätzstrategien, die eigentlich keine sind. Der Vollständigkeit (und der Unterhaltung) halber sollen sie an dieser Stelle aber dennoch genannt werden. Eine davon findet oft Anwendung, wenn eine scharfe Wettbewerbssituation ein Unternehmen dazu zwingt, ein Angebot mit einem Kampfpreis abzugeben, der unter Umständen nicht einmal mehr kostendeckend ist. In der englischsprachigen Fachliteratur wird das üblicherweise als **Pricing to Win** bezeichnet. Dieses Vorgehen mag aus wirtschaftlichen oder strategischen Erwägungen heraus sinnvoll sein, um beispielsweise in einem wichtigen Marktsegment Fuß zu fassen oder in schweren Zeiten überhaupt einen Auftrag zu bekommen, den potentiellen Projektbeteiligten bleibt aber letztlich nur die Hoffnung, dass ein Mitbewerber diesen Kampfpreis noch einmal unterbieten und sich das zu erwartende **Todesmarsch-Projekt** [Yourdon 04] einhandeln wird. Denn üblicherweise hat das Management spätestens bei Vertragsabschluss das strategische Ziel längst wieder aus den Augen verloren und verlangt danach doch einen möglichst kostendeckenden oder gar gewinnbringenden Projektverlauf. Und das bedeutet für Softwareprojekte zumeist, möglichst viel Arbeit von möglichst wenigen Mitarbeitern (mit möglichst vielen unbezahlten Überstunden) erledigen zu lassen. Von einer sinnvollen Schätzstrategie kann in diesem Zusammenhang natürlich keine Rede mehr sein. In einem solchen Fall sollte man keinesfalls der Versuchung erliegen, aus den festgelegten Kosten in einer Art „umgekehrten Schätzung" den erlaubten Aufwand für das Projekt zu errechnen. Soll dennoch ein kostendeckender Projektverlauf erreicht werden, ist der einzig gangbare Ausweg das rigorose Beschneiden der Funktionalität des zu erstellenden Systems.

Gerüchteweise ist auch das genaue Gegenteil der gerade geschilderten Situation bereits in der Praxis beobachtet worden, nämlich der Fall, dass für ein Projekt mehr als ausreichend Zeit und Ressourcen zur Verfügung standen. Interessanterweise lässt sich dann vielfach beobachten, dass ein Projekt nicht nur den gegebenen Zeitrahmen vollständig ausfüllt, sondern auch alle angebotenen Ressourcen komplett verschlingt und nicht etwa, wie vielleicht zu erwarten wäre, früher und mit weniger Gesamtaufwand abgeschlossen werden kann. Dieser Effekt wird in der Literatur gerne als **Parkinson's Law** bezeichnet. Gründe für diese Problematik sind vor allem das sogenannte **Gold Plating**, also das Verzieren des Systems mit immer neuen Verschönerungen, die auf Grund des nicht vorhandenen Zeitdrucks noch eben eingebaut werden, sowie das uns sicher allen bekannte Aufschieben von Aufgaben mit in weiter Ferne liegenden Deadlines, das gemeinhin auch als **Studentensyndrom** bekannt ist.

Nichts ist unmöglich?

Vergegenwärtigen wir uns die beiden eben angesprochenen Phänomene noch einmal in grafischer Form: Gehen wir dazu davon aus, dass wir in der Lage wären, die tatsächlich benötigte Dauer eines Projekts korrekt abzuschätzen. Wir sehen auf der x-Achse der folgenden Abbildung den relativen Zeitplan für ein solches hypothetisches Projekt, wobei der Wert 1,0 genau die tatsächlich benötigte Zeit beschreibt. Die y-Achse beschreibt den Aufwand, der für einen gewünschten Zeitplan notwendig ist, jeweils im Verhältnis zu dem Aufwand, der bei idealem Zeitplan notwendig wäre. Anders ausgedrückt beschreibt der Schnittpunkt von 1,0 auf der x- und 1,0 auf der y-Achse genau den idealen Aufwand bei korrekt geschätzter Projektdauer.

Wird ein tatsächlicher Projektaufwand überschätzt, führt das nach Parkinson's Law für jeden Tag über der idealen Projektdauer zu einem linearen Anstieg des Aufwands, in der Abbildung als ansteigende Gerade am rechten Rand zu sehen. Es gibt allerdings auch andere Schätzmodelle, die in einem solchen Fall einen gleichbleibenden Aufwand (gepunktete Linie auf der x-Achse) oder sogar einen abnehmenden Aufwand (gestrichelte Linie unterhalb der x-Achse) prognostizieren. Durch gutes Projektmanagement sollte sich nach herrschender Meinung zumindest ein gleichbleibender Aufwand erreichen lassen.

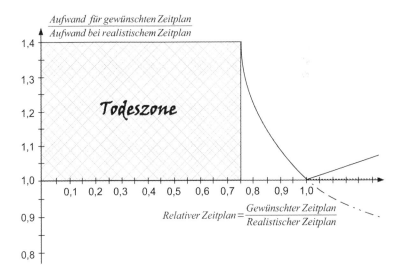

Bewegen wir uns nun aber ausgehend von der idealen Dauer auf der x-Achse nach links, wollen das Projekt also in kürzerer Zeit beenden, bedeutet das einen steigenden Aufwand, da die gleiche Arbeit mit mehr Mitarbeitern in weniger Zeit verrichtet werden muss. Bedingt durch negative Skaleneffekte steigt dieser Aufwand in etwa kubisch an, worin praktisch alle bekannten Schätzmodelle übereinstimmen (vgl. z. B. die entsprechend umzustellende Formel von COCOMO auf Seite 71). Diese Erkenntnis ist nicht neu: Es wird in der Literatur entsprechend immer wieder eindringlich darauf hingewiesen, dass eine Verkürzung der Projektdauer auf weniger als etwa 75 % der nominal benötigten Zeit unmöglich ist, da alle analysierten Aufwandskurven in einer solchen Situation beinahe senkrecht in die Höhe schießen.

Die dafür zusätzlich benötigten Mitarbeiter treiben den Kommunikationsaufwand so sehr in die Höhe, dass das Projekt unter diesen Umständen von vorne herein zum Scheitern verurteilt ist (wie bei dem auf Seite 10 beispielhaft genannten Projekt mit 600 Mitabeitern und einem Zeitrahmen von einer Woche). Von dem für qualitativ gute Softwareentwicklung so wichtigen Wissensaufbau im Projekt, der unter extremem Zeitdruck natürlich ebenfalls stark leidet, gar nicht zu sprechen.

Lawrence Putnam [Putnam & Myers 92] hat für den genannten Bereich linksseits der 75 % den schönen Namen „The Impossible Zone" (in der Grafik mit ***Todeszone*** übersetzt) gefunden, für die Steve McConnell [McConnell 06] noch einmal sehr eindringlich unterstreicht, dass eine Zeitplankompression von mehr als 25 % nicht möglich ist und weder durch härtere noch durch bessere Arbeit und schon gar nicht durch das Hinzufügen von noch mehr Mitarbeitern erreicht werden kann: Es ist schlichtweg ausgeschlossen! Jeder Versuch eines Eindringens in die Todeszone, wird für die Projektbeteiligten unweigerlich zu einem Todesmarsch [Yourdon 04] und durch nicht einhaltbare Zeitpläne, Kostensteigerungen, extremen Stress sowie letztlich durch ein gescheitertes Projekt bestraft. Zusammenfassend sei noch einmal Fred Brooks [Brooks 95] zitiert: „Wegen eines Mangels an Kalenderzeit sind (bisher) mehr Softwareprojekte gescheitert als aus allen anderen Gründen zusammen."

Software messbar machen

Alle Aufwandsschätzverfahren erfordern als ersten Schritt eine möglichst genaue Vermessung bzw. Abschätzung des zu erreichenden Ziels. Das Volumen des notwendigen Erdaushubs einer Baustelle zum Beispiel kann im Vorfeld sehr genau berechnet werden. Auf dieser Basis lässt sich mit Hilfe von Erfahrungswerten abschätzen, wie viel Zeit das Ausheben in Anspruch nehmen wird und wie viele LKW-Ladungen Erde abtransportiert werden müssen. Eine solche „natürliche" Größe ist in Softwareprojekten intuitiv schwer zu finden, es liegt jedoch natürlich auf der Hand, die Verwendung von gängigen **Softwaremetriken** in Betracht zu ziehen. Immerhin beinhaltet die Gruppe der bekannten Halstead-Metriken ein sogenanntes Program Volume, welches allerdings erst anhand von geschriebenem Code tatsächlich messbar ist. Schlussendlich sind wir ohnehin weniger an der Größe des zu erstellenden Programms als vielmehr an einem Maß für die dem Nutzer gebotene Funktionalität interessiert, bis dato ist aber leider kein Maß bekannt, das eine direkte Messung der Softwarefunktionalität erlauben würde. Deshalb sind wir zu diesem Zweck auf Stellvertretermaße wie die bereits angesprochenen Function Points angewiesen, die wir, nach der Vorstellung einer weiteren Softwaremetrik, im Folgenden genauer besprechen werden.

Physische Größenmessung

Beginnen wir aber zunächst mit einer einfacheren Softwaremetrik, also einem Maß für die physische Größe eines Programms, das sicher jedem Softwareentwickler geläufig ist. Liegt nämlich ein fertiger Quelltext vor, ist es überhaupt kein Problem, die darin enthaltenen Codezeilen (engl.: **Lines of Code**, LOC) zu zählen. Mit gängigen Entwicklungsumgebungen und anderen Werkzeugen klappt dies sogar automatisch. Da eine Codezeile durchaus aus verschiedenen Blickwinkeln betrachtet werden kann, sind für ihre Verwendung aber einige Vorüberlegungen notwendig: Zählen wir nur den reinen Quelltext? Oder auch Kommentare? Je nach Programmiersprache und Programmierstil kann zudem eine physische Zeile im Programmcode durchaus mehrere logische Statements enthalten. Oder umgekehrt kann sich auch ein Statement über mehrere Zeilen hinweg erstrecken. Ferner wird ihre konkrete Anzahl stark von der Programmiersprache (in Assembler werden im Durchschnitt wesentlich mehr LOC für eine bestimmte Funktionalität benötigt als in Java) und von den Fähigkeiten des Programmierers abhängen: Wie wir aus der theoretischen Informatik wissen, kann jeder Algorithmus beliebig ineffizient implementiert werden.

In der Literatur finden sich denn auch zahlreiche verschiedene Ansätze, die Lines of Code zu definieren. Die gängigsten sind sicherlich die physischen Codezeilen (PLOC), die physischen Codezeilen exklusive Kommentare (NCLOC) und die logischen Codezeilen (sprich die Anzahl der Anweisungen, die meist mit LSLOC oder auch mit SI für „source instructions" abgekürzt werden). Welche Variante auch immer verwendet werden soll, wichtig ist in der Praxis eine einheitliche Definition innerhalb einer Organisation, die Vergleiche zwischen verschiedenen Projekten ermöglicht. Unter Umständen wird eine entsprechende Definition auch vom eingesetzten Aufwandsschätzmodell vorgegeben, wie beispielsweise bei COCOMO [Boehm 81], wo die Systemgröße in KDSI (kilo delivered source instructions) geschätzt werden muss (vgl. Seite 71). Da uns der Umgang mit Lines of Code intuitiv vertraut ist, sind sie relativ einfach in ihrer Handhabung. Weitere Softwaremetriken, wie beispielsweise das bereits erwähnte Program Volume und andere, finden dagegen vor allem auf Grund ihrer höheren Komplexität in der Aufwandsschätzung keine Anwendung. Eine a priori Abschätzung der Systemgröße gestaltet sich allerdings auch mit LOC alles andere als einfach, weshalb im Kontext der Aufwandsschätzung heute bevorzugt die im Folgenden vorgestellten Maße zur funktionalen Größenmessung Verwendung finden.

Funktionale Größenmessung mit Function Points „et al."

Im Abschnitt über Analogieschätzungen haben wir bereits Datenbanktabellen, Reports und ähnliche Platzhaltermaße verwendet, um einen ungefähren Entwicklungsaufwand für die zu erwartende Systemgröße bestimmen zu können. Die Idee, die sich hinter der

Verwendung solcher Platzhalter versteckt, ist intuitiv verständlich: Anstatt mehr oder weniger willkürlich die erwartete physische Größe eines System oder direkt den dafür notwendigen Entwicklungsaufwand zu schätzen, versuchen wir zunächst objektiv zählbare Maße zu finden, die möglichst früh im Entwicklungsprozess abgemessen werden können. So geht aus vollständigen Systemanforderungen beispielsweise leicht hervor, wie viele Reports für eine Anwendung erzeugt werden müssen. Ist zudem aus Erfahrungswerten bekannt, wie viel Entwicklungsaufwand für eine bestimmte Zahl von Reports durchschnittlich benötigt wird, lässt sich dieser leicht auf alle Reports eines Systems hochrechnen. Die letzten beiden Sätze sind im Prinzip ausreichend, um das heutzutage in fast allen Aufwandsschätzverfahren gängige Vorgehen grundsätzlich zu verstehen: Zunächst wird die erforderliche Menge an Funktionalität bestimmt, um danach ausgehend von empirisch ermittelten Erfahrungsdaten den dafür benötigten Entwicklungsaufwand abschätzen zu können.

Aufbauend auf diesen Überlegungen wurden in den letzten rund 30 Jahren zahlreiche Ansätze zur funktionalen Größenmessungen von Softwaresystemen entwickelt, die als Ausgangspunkt für Aufwandsschätzungen dienen können. Die meisten der heute bekannten Ansätze gehen auf die sogenannte Function-Point-Analyse zurück, die im Folgenden den Schwerpunkt dieses Kapitels ausmachen wird. Es existieren aber aus guten Gründen noch verschiedene weitere Metriken, von denen wir die wichtigsten im Anschluss daran ebenfalls näher betrachten werden.

Im Gegensatz zu den aus Scrum bekannten, teamspezifischen Story Points wurden **Function Points** bewusst so angelegt, dass Messungen der Systemgröße generisch, konsistent und unabhängig von der Programmiersprache und den Entwicklern durchgeführt werden können. Das bedeutet, auch verschiedene Experten sind mit Hilfe von Function Points in der Lage, für ein und dieselbe Applikation unabhängig voneinander zu (nahezu) identischen Ergebnissen zu gelangen. Untersuchungen haben gezeigt, dass erfahrene Function-Point-Spezialisten mit mehr als 4 Jahren Erfahrung üblicherweise sehr gute Ergebnisse erzielen und in der Lage sind, die Anzahl der Unadjusted Function Points (UFPs, dazu gleich mehr) für gegebene Systemanforderungen mit einer Abweichung von unter 10 % zu messen.

Die **Function-Point-Analyse** (FPA) wurde Ende der 1970er Jahre bei IBM entwickelt und betrachtet ein Softwaresystem als eine separate Ansammlung von Daten und Funktionalität, was eine Anwendung bei objektorientierten Entwicklungstechniken zunächst schwierig erscheinen lassen mag. Wie wir im Folgenden aber sehen werden, ist Letzteres dennoch problemlos möglich; sonst hätte es die FPA vermutlich auch nicht geschafft, im Jahre 2003 zu einem ISO-Standard erhoben zu werden, der heute von der International Function Point Users Group (IFPUG [WWW]) verwaltet wird und aktuell die Version 4.3.1 erreicht hat. Ähnlich wie das zahlreiche Systemmodellierungsansätze heute tun, betrachtet auch die IFPUG-FPA ein System als eine Black Box, die mit ihrer Umwelt nur über genau definierte Operationen bzw. Schnittstellen in Verbindung tritt. Die FPA unterscheidet dabei drei verschiedene Arten von Operationen bzw. sogenannten **Transaktionselementen**, nämlich sogenannte External Inputs (EIs), External Outputs (EOs) und External Queries (EQs, im Standard External Inquiries genannt). Um mit diesen für den Nutzer brauchbare Funktionalität zu liefern, benötigt ein Informationssystem ferner Zugriff auf persistente Daten, die es üblicherweise in einer Datenbank vorhält. Gehören diese **Datenelemente** logisch zu dem zu schätzenden System spricht die FPA von Internal Logical Files (ILFs), werden sie in anderen Systemen verwaltet und nur genutzt, ist von External Interface Files (EIFs) die Rede. Somit ergibt sich im Rahmen einer FPA der folgende schematische Blick auf ein System:

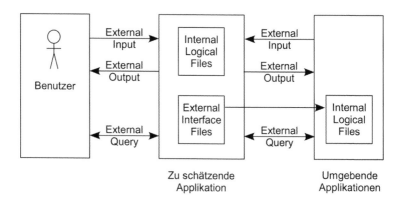

Zu schätzende Applikation

Umgebende Applikationen

Um mit einer Function-Point-Analyse die Größe einer Applikation zu ermitteln, müssen also „nur" Anzahl und jeweiliges „Gewicht" aller fünf genannten Elementtypen ermitteln und zu den sogenannten **Unadjusted Function Points** aufaddiert werden. Das jeweilige Gewicht kann mit Hilfe folgender Tabelle aus der Komplexität des jeweiligen Typs abgeleitet werden. Beispielsweise ergibt ein ILF mit mittlerer Komplexität 10 Function Points, ein EO mit hoher Komplexität dagegen nur 7.

Komplexität	ILFs	EIFs	EIs	EOs	EQs
gering	7	5	3	4	3
mittel	10	7	4	5	4
hoch	15	10	6	7	6

Zusammengefasst ergibt sich die folgende Vorgehensweise zur Durchführung einer funktionalen Größenmessung mit der Function-Point-Analyse, die wir uns im Anschluss anhand eines Beispiels genauer betrachten wollen:

1. Festlegen der Systemgrenze
2. Identifizieren der Datenelemente (ILFs & EIFs) bei gleichzeitiger Zählung der darin enthaltenen Bausteine (DETs & RETs)
3. Identifizieren der Systemoperationen (EIs, EOs, EQs) bei gleichzeitiger Zählung der davon verwendeten FTRs (ILFs & EIFs) und DETs
4. Berechnung der Unadjusted Function Points

Ähnlichkeiten mit der Betrachtung eines zu entwerfenden Systems als Black Box im Rahmen einer **objektorientierten Analyse** (OOA) in modernen Entwicklungsprozessen (vgl. z. B. [Larman 05]) mit Hilfe von **Use Case**s sind, wie zuvor angedeutet, sicher nicht nur rein zufällig und können bei der Anwendung einer FPA im Rahmen einer OOA gezielt ausgenutzt werden.

Stellen wir uns dazu vor, wir modellierten einen Online-Shop, über den zukünftig Musik-CDs vertrieben werden sollen. Zu jeder CD müssen nach Angabe des Kunden folgende Informationen gespeichert werden: eine ID, ihr Interpret, Albumtitel, Label, Erscheinungsdatum und eine Liste der enthaltenen Musikstücke. Für jedes Musikstück (jeden Song) sind wiederum ebenfalls eine ID, der Titel, seine Länge und der Name des Komponisten zu speichern. Diese Konstellation ist im folgenden konzeptuellen Klassendiagramm (ähnlich einem ER-Diagramm aus der Datenbankmodellierung) gezeigt, das z. B. im Rahmen einer Domänenanalyse sehr früh im Entwicklungsprozess erstellt werden kann:

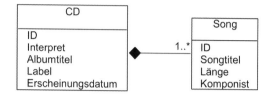

Die Komplexität der jeweiligen Elemente kann nun mit Hilfe einiger Regeln und der im Folgenden abgedruckten Tabellen ermittelt werden. Mit etwas Hintergrundwissen aus der Software- oder Datenbankentwicklung erschließen sich die Bedeutungen der oben genannten Elemente glücklicherweise sehr schnell.

Datenelemente

Betrachten wir dazu zunächst die beiden datenorientierten Elemente einer FPA, nämlich die Internal Logical Files (ILFs) und die External Interface Files (EIFs). Hierbei handelt es sich um Daten, die entweder innerhalb oder außerhalb des zu schätzenden Systems persistiert werden müssen. Deren Komplexität kann nach einer weiteren Zerlegung in sogenannte Data Element Types (DETs) und Record Element Types (RETs) aus folgender Tabelle abgelesen werden:

RETs	**DETs**		
	1–19	**20–50**	**≥51**
1	gering	gering	mittel
2–5	gering	mittel	hoch
≥6	mittel	hoch	hoch

Am einfachsten verständlich werden Datenelemente sicherlich mit Hilfe einer Analogie zu normalisierten Datenbanksystemen bzw. zur objektorientierten Welt: Jede Gruppierung von Daten, die üblicherweise eine eigenständige Datenbanktabelle bzw. eine Entität im System bilden, zählt in der FPA als ein ILF. Bedingung dafür ist, dass diese Daten von einem elementaren Prozess (also innerhalb einer EI, einer EO oder einer EQ) im System benötigt werden und fachlich für den Anwender erkennbar sind. Gleiches gilt für EIFs, mit dem Unterschied, dass sie in umgebenden Systemen gepflegt werden und daher auch, wie in den Tabellen zuvor gezeigt, im Rahmen der FPA nicht so sehr ins Gewicht fallen, wie ihre intern gespeicherten Gegenparts. Nebenbei bemerkt schließt die Anwendung zeitgemäßer Entwurfsprinzipien (z. B. des Geheimnisprinzips) die Existenz von EIFs in heutigen Systemen weitgehend aus. Insgesamt tragen Datenelemente in der Praxis meist zu etwa einem Viertel zur Gesamtzahl der Function Points einer Applikation bei.

Um die Komplexität eines Datenelementes zu bestimmen, müssen wir es, wie zuvor bereits angesprochen, noch weiter in sogenannte Data Element Types (DETs) und Record Element Types (RETs) zerlegen. Im Zusammenhang mit Datenelementen sind DETs als Felder in Datenelementen definiert, die für den Endanwender erkennbar sein müssen. Grob gesprochen entsprechen DETs also in etwa den Attributen in Klassen der objektorientierten Welt bzw. den Spalten einer Tabelle in der Datenbankwelt. Im Zusammenhang mit Transaktionselementen werden wir diese Definition später noch geringfügig erweitern müssen. Hängen mehrere DETs logisch eng und für den Benutzer sichtbar als Teil innerhalb eines Datenelementes zusammen, ergeben sie einen RET. Diese Teil-Ganzes-Beziehung findet in der UML eine Analogie in der Komposition und tritt häufig in der Form auf, dass ein Ganzes zu einer Vielzahl von Teilen in Verbindung steht, die ohne das Ganze nicht existieren würden.

Obige Konstellation ergibt also 5 DETs für die zu einer CD zu speichernden Daten und noch einmal 4 DETs für die Daten eines Musikstücks. Beide bilden intuitiv auch eine logisch zusammenhängende Gruppe von Daten und ergeben somit jeweils einen RET. Die Song-Daten werden, auch wenn auf einer CD in der Regel mehrere Musikstücke enthalten sind, nur einmalig als RET gezählt. Da in dem geplanten Online-Shop keine einzelnen Stücke zum Download angeboten werden sollen, sind alle Songs zwangsläufig Teil einer CD, und wir kommen insgesamt auf folgende Function-Point-Zählung, die gemäß obiger Tabelle ein Datenelement von geringer Komplexität (da 2–5 RETs und 1–19 DETs enthalten sind) ergibt:

▨ 1 ILF (CD)

▨ 2 RETs (CD + Song)

▨ 5 + 4 DETs (CD: ID, Interpret, Albumtitel, Label, Erscheinungsdatum + Song: ID, Titel, Länge, Komponist)

Unter der Annahme, dass es sich um intern zu verwaltende Daten handelt, ergeben sich 7 Function Points für ein Internal Logical File geringer Komplexität, würden die Daten extern verwaltet und direkt auf sie zugegriffen, schlügen sie als ein External Interface File mit ebenfalls geringer Komplexität und 5 Function Points zu Buche.

Transaktionselemente

Aber nicht nur die Datenelemente, auch die **Transaktionselemente** lassen sich mit Hilfe einer objektorientierten Systemanalyse sehr leicht identifizieren. Ziehen wir den Online-Shop weiterhin als Beispiel heran und modellieren die im folgenden **Use-Case-Diagramm** dargestellte Funktionalität zum Bestellen von CDs und zur Anforderung einer grafischen Umsatzübersicht:

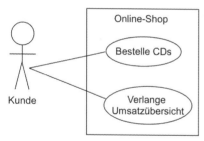

Aus den ausformulierten Anforderungstexten der Use Cases, die aus Platzgründen leider nicht dargestellt werden können, leiten wir im Verlauf der Anforderungsanalyse sogenannte System-Sequenzdiagramme und dazugehörige Operation Contracts ab (s. z. B. [Larman 05]). Diese erleichtern uns, die Interaktionen zwischen Benutzer und System zu verstehen, und helfen uns bei der Ermittlung der Systemgrenze sowie bei der Beschreibung der Schnittstellen, über die das Shop-System mit der Außenwelt in Verbindung steht. Auszugsweise könnten solche Diagramme, wie auf der folgenden Seite gezeigt, etwa Systemoperationen zum Suchen von CDs, zum Aufgeben einer Bestellung und für die Anforderung der genannten Umsatzübersicht enthalten.

Use-Case- und Function-Point-Analyse haben grundsätzlich ein identisches Verständnis der **Systemgrenze**, so dass wir „nur" noch die im System-Sequenzdiagramm gefundenen Systemschnittstellen den entsprechenden Transaktionselementen der FPA zuordnen müssen.

Am intuitivsten verständlich sind sicherlich die **External Inputs** (kurz EIs genannt). Bei ihnen handelt es sich schlicht um an das System gerichtete Eingaben, die im System Verarbeitungsprozesse auslösen. Diese können sowohl über eine grafische Benutzerschnittstelle als auch über eine Systemschnittstelle von anderen Applikationen aus angestoßen werden. Die FPA unterscheidet bei EIs zwei zentrale Hintergründe: Eingaben können entweder darauf abzielen, Datenbestände im System neu anzulegen oder sie zu verändern, wobei sie entsprechend auf Datenelemente (d. h. ILFs oder EIFs) zugreifen müssen; oder aber sie verändern Einstellungen des Systemverhaltens. In beiden Fällen muss es für den Systemnutzer

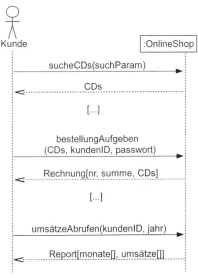

sichtbare Auswirkungen geben, um eine Zählung innerhalb der FPA zu rechtfertigen. Zur Bestimmung der Komplexität einer EI benötigen wir neben den beteiligten DETs alle in der Operation referenzierten Datenelemente, also alle ILFs und EIFs, die entsprechend als File Types Referenced (FTR) bezeichnet werden. Die Komplexität der EIs lässt sich auf dieser Grundlage aus der folgenden Tabelle ablesen:

FTRs	DETs		
	1 bis 4	5 bis 15	15 oder mehr
0–1	gering	gering	mittel
2	gering	mittel	hoch
≥3	mittel	hoch	hoch

External Queries (oder Inquiries, kurz EQs) sind im Gegensatz zu den EIs reine (Datenbank-)Abfragen, die ohne eine weitere algorithmische Bearbeitung zur Persistenzschicht durchgereicht werden, wo sie keinerlei Veränderung bewirken, und deren Ergebnisse wiederum ohne Bearbeitung nach außen zurückgegeben werden. Bei **External Outputs** (EOs) ist wiederum eine Bearbeitung der auszugebenden

Daten notwendig, um ihre Zählung zu rechtfertigen. Zur Bestimmung der Komplexität von EQs und EOs benötigen wir gemäß der folgenden Tabelle, die für beide gilt, abermals die Anzahl der referenzierten Datenelemente FTRs und die Anzahl der DETs, die an einer Funktion beteiligt sind.

FTRs	DETs		
	1–5	**6–19**	**≥20**
0–1	gering	gering	mittel
2–3	gering	mittel	hoch
≥4	mittel	hoch	hoch

Um auch dieser doch sehr grauen Theorie etwas Leben einzuhauchen, betrachten wir abermals das Beispiel unseres Online-Shops und beginnen mit der dort enthaltenen Operation sucheCDs. Diese führt offensichtlich eine Datenbankabfrage durch, verändert dabei aber keine Datenbestände, sondern liefert schlicht eine unbearbeitete Liste der Ergebnisse zurück, weshalb sie als EQ zu zählen ist. Die Anzahl der FTRs lässt sich für EQs relativ einfach ermitteln, da diese üblicherweise in den zurückgelieferten Ergebnissen, in unserem Fall also in der CD-Liste, enthalten sind. Das heißt, wir zählen für diese EQ genau einen FTR, nämlich die CD. Die Zählung der DETs gestaltet sich geringfügig komplizierter, da diese nicht immer direkt aus der Systemoperation ersichtlich sind. So enthält unsere Beispiel-EQ einen Eingabeparameter für die Suche (wie im System-Sequenzdiagramm zu sehen), den wir genauso zählen müssen, wie den Button, der die EQ im User Interface auslösen wird. In der Ergebnisübermittlung erkennen wir die CD als referenzierten Datentyp, deren DETs ebenfalls mitgezählt werden müssen, da sie dem Nutzer in der Ergebnisliste angezeigt werden sollen. Entsprechend besteht die EQ sucheCDs aus 1 FTR und insgesamt 9 DETs, weist somit noch eine geringe Komplexität auf und muss daher mit 3 Function Points gewichtet werden.

Es ist nicht immer einfach, zwischen EIs und EOs zu unterscheiden: Begriffe wie hinzufügen, anlegen, ändern, löschen etc. sind dazu im Kontext einer Systemoperation hilfreiche Hinweise auf eine EI. Betrachten wir entsprechend zunächst die obige Operation bestellungAufgeben: In ihrem Verlauf werden sicherlich zwei ILFs, nämlich eine Bestellung und eine Rechnung, neu angelegt, auf andere wie Kunde und CD muss zugegriffen werden. Um das Anlegen von Bestellung und `Rechnung` abschließen zu können, ist zuvor die Berechnung der Rechnungssumme erforderlich. Zurückgegeben werden nur Daten, die im Verlauf dieses Verarbeitungsprozesses erstellt wurden, so dass sowohl die Systemoperation `bestellungAufgeben` als auch ihre Antwort gemeinsam als eine EI gezählt werden. Und zwar als eine EI, die insgesamt 4 FTRs (`Kunde`, `CD`, `Bestellung`, `Rechnung`) referenziert und, soweit aus dem Systemsequenz-Diagramm ersichtlich, 6 verschiedene DETs (CD-ID, KundenID, Passwort, den Klick auf den Bestellen-Button, sowie als Rückantwort die Rechnungsnummer und ihre Summe) über die Systemgrenze transportiert. Diese EI ist gemäß Tabelle von hoher Komplexität und daher mit 6 Function Points zu zählen.

Um die Unterschiede in der Definition der verschiedenen Transaktionselemente noch einmal zu verdeutlichen: Erfolgt vor und nach einer (Datenbank-)Abfrage keine Bearbeitung der Daten, handelt es sich um eine External Query, also eine EQ. Werden Daten in das System übermittelt, dort zunächst bearbeitet und danach gespeichert, handelt es sich, inklusive entsprechender Statusrückgaben, um einen External Input (EI). Ein External Output (EO) findet sich im Gegensatz dazu beispielsweise bei Reports, wenn wie oben die Umsätze des letzten Jahres monatsweise als Balkendiagramm angezeigt werden sollen. D. h. immer dann, wenn Daten nach einer Abfrage so aufbereitet werden, dass Daten entstehen, die nicht in der Datenbank enthalten sind, handelt es sich um eine EO. Der Aufruf der Operation `umsätzeAbrufen` ist folglich eine solche, die 2 FTRs (`Kunde` und `Rechnung`) sowie 5 DETs (KundenID, Jahr, den Eingabe-Button, die monatsweise kumulierten Umsätze und die betrachteten Monate selbst) beinhaltet. Dies bedeutet eine geringe Komplexität und entsprechend eine Wertung mit 4 Function Points. Ein External Output wird übrigens auch dann gezählt, wenn eine Applikation selbst Daten nach außen gibt, wie z. B. durch die aktive Benachrichtigung eines Benutzers nach Abarbeitung eines längeren Geschäftsprozesses.

Es ist übrigens durchaus üblich, dass im Verlauf einer Analyse der Systemoperationen weitere Datenelemente erkannt werden, die natürlich entsprechend gezählt werden müssen. Die folgende Tabelle zeigt daher zusammenfassend noch einmal alle Daten- und Transaktionselemente, die im Verlauf der Analyse unseres Beispielsystems gefunden werden könnten (wobei die kursiv gesetzten Komplexitäten ohne weitere Erklärungen als gegeben angenommen werden sollen) sowie die aus den entsprechenden Tabellen abgeleitete Anzahl der Unadjusted Function Points:

Name	Typ	Komplexität	UFPs
CD	ILF	gering	7
Kunde	ILF	*mittel*	10
Bestellung	ILF	*gering*	7
Rechnung	ILF	*gering*	7
sucheCDs	EQ	gering	3
bestellungAufgeben	EI	hoch	6
umsätzeAbrufen	EO	gering	4
Summe UFPs			*44*

Mit diesem Schritt ist die Messung der Funktionalität unseres Shop-Systems im Rahmen der FPA abgeschlossen. Das hier errechnete Ergebnis kann nun auf verschiedene Arten weiterverwendet werden. Zum einen lässt es sich mit Hilfe der im hinteren Umschlag abgedruckten Tabelle in LOC konvertieren (dies ergäbe für Java etwa 2.400 LOC) und als Eingabeparameter für verschiedene algorithmische Aufwandsschätzmodelle verwenden. Zum anderen sieht aber auch die FPA selbst die Möglichkeit einer Aufwandsabschätzung bzw. zumindest noch die Berücksichtigung von sogenannten Kostentreibern vor, die wir daher im Folgenden kurz betrachten wollen.

Kostentreiber

Mit den bisher beschriebenen Schritten haben wir die zu erwartende Systemgröße, die sogenannten Unadjusted Function Points ermittelt, wie jedoch der Begriff „Unadjusted" vermuten lässt, sieht die FPA noch die Möglichkeiten für mindestens einen weiteren Schritt vor, nämlich die Anpassung der ermittelten Systemgröße an individuelle Projektgegebenheiten. Zu diesem Zweck rechnet die FPA sogenannte Kosten- bzw. Aufwandstreiber ein, wie dies auch andere Schätzmodelle (wie z. B. COCOMO [Boehm 81]) tun. In der Literatur findet sich etwa bei Capers Jones [Jones 07] eine umfassende Liste von über zweihundert solcher Faktoren (wie beispielsweise eingesetzte Vorgehensmodelle oder Fähigkeiten des zur Verfügung stehenden Personals etc.), die den für ein Software-Entwicklungsprojekt benötigten Entwicklungsaufwand beeinflussen können. Wie die meisten praktisch eingesetzten Schätzverfahren berücksichtigt die FPA glücklicherweise nicht alle davon, sondern nur 14 repräsentativ ausgewählte Kostentreiber c_i, die jeweils auf einer diskreten Skala mit Werten von 0 (gar kein Einfluss) bis 5 (sehr starker Einfluss) bewertet werden müssen. Die Kostentreiber sind mit Hilfe der folgenden Formel aufzusummieren und in den sogenannten Anpassungsfaktor AF (engl. adjustment factor) umzurechnen:

$$AF = 0{,}65 + \frac{1}{100} \cdot \sum_{i=1}^{14} c_i$$

Der Anpassungsfaktor kann somit im günstigsten bei 0,65 und im schlechtesten Fall bei 1,35 liegen. Ist er bestimmt, können durch eine einfache Multiplikation mit den Unadjusted Function Points (UFP) die sogenannten **Adjusted Function Points** (AFP) ermittelt werden:

$$AFP = UFP \cdot AF$$

Die folgende Tabelle gibt einen Kurzüberblick über die in der FPA verwendeten Kostentreiber und jeweils eine stichwortartige Erklärung zu ihnen, eine detailliertere Beschreibung der einzelnen Bewertungsstufen würde an dieser Stelle leider den Rahmen sprengen, ist aber beispielsweise bei Longstreet [WWW] zu finden. Zum besseren Verständnis enthält die Tabelle aber immerhin realitätsnahe Einschätzungen für unser oben analysiertes Online-Shop-Beispiel, unter der Annahme, dass es sich um eine Individualentwicklung für einen einzigen Kunden handelt, die über das Internet nicht nur die Funktionalität für dessen Kunden, sondern auch für Backoffice-Tätigkeiten wie z. B. Datenpflege u. ä. zur Verfügung stellen soll.

Aufwandstreiber	Kurzbeschreibung	AF
Datenkommunikation	Anzahl der möglichen Eingabekanäle für das System (Batch, UIs etc.)	5
Verteilte Datenverarbeitung	Wie und wo werden Daten in mehrschichtigen Systemen verarbeitet (Client/Server, 3-Tier etc.)?	4
Leistungsanforderungen	Vom Nutzer gewünschte Antwortzeit bzw. Datendurchsätze	3
Hardware-Auslastung	Teilt sich das System die Hardware mit anderen Systemen?	3
Transaktionsmenge	Muss eine kritische Anzahl von Transaktionen z. B. für ein Service-Level-Agreement garantiert werden?	2

Aufwandstreiber	Kurzbeschreibung	AF
Interaktive Daten-eingabe	Prozentualer Anteil der Daten, die interaktiv eingegeben werden (im Gegensatz zu einfachen Batch-Aufrufen)	5
Interaktive Daten-bearbeitung	Wie viele Daten können interaktiv verändert werden und benötigen ggf. eine Absicherung (Recovery) gegen Daten-verluste?	4
Endnutzer-Effizienz	Komplexität der Benutzerschnittstelle	3
Komplexe Berech-nungen	Sind komplexe mathematische oder logische Berechnungen nötig, gibt es viele Steuerungseinflüsse oder Ein-/Ausgabe-kanäle?	3
Wiederverwend-barkeit	Wie groß ist der Anteil des Systems, der darauf ausgelegt wird, in anderen Systemen wiederverwendet zu werden?	2
Installationskom-plexität	Werden automatisierte Installationsroutinen und Datenkon-versionen benötigt?	2
Betriebsautomati-sierung	Sollen das Hoch- bzw. Herunterfahren des Systems, Backups oder Recovery automatisiert werden?	1
Zielgruppenanzahl	Muss das System bei verschiedenen Organisationen auf ver-schiedenen Hardware-Plattformen lauffähig sein?	0
Flexibilität	Wie sehr sollen Abfragen, Report-Erstellung und Business-Prozesse vom Benutzer veränderbar sein?	1

Daraus ergibt sich ein AF von $0{,}65 + 38/100 = 1{,}03$, der die 44 UFPs unseres Systems geringfügig auf 45,3 AFPs in die Höhe treibt.

Um es abschließend noch einmal ausdrücklich zu betonen, AFPs sind ein projektabhängiges Maß, und gerade wenn Function Points zur weiteren Verwendung in einem Kostenmodell wie COCOMO ermittelt wurden, sollten dort auf jeden Fall die unveränderten UFPs verwendet werden. Wie wir an entsprechender Stelle noch sehen werden, sehen Kostenmodelle die Bestimmung eigener Kostentreiber vor, und eine doppelte Berücksichtigung würde offensichtlich die Aufwands-schätzungen verfälschen.

Faustformeln und Praxistipps

Die FPA ist sicherlich eine leistungsfähige Methodik zur Größenmes-sung, erfordert aber eine sehr sorgfältige und aufwendige Analyse des zu entwickelnden Systems und nicht zuletzt auch einige Erfahrung in der Anwendung. Daher verwundert es nicht, dass zahlreiche Tricks und Kniffe entstanden sind, die den Einsatz der FPA in der Praxis erleichtern

sollen. Schon eine geschickte Nutzung der Standard-Komplexitätsta-
bellen kann beispielsweise dabei helfen, den Zählaufwand einer vollständigen FPA zu vermindern. So bietet es sich bei der Analyse eines
External Input an, direkt auf die Anzahl der DETs zu schauen, sobald
mindestens 3 FTRs gezählt worden sind. Enthält die EI nämlich mehr als
4 DETs, was bei 3 FTRs ohnehin sehr wahrscheinlich ist, kann sie direkt
mit einer hohen Komplexität notiert werden. Eine ähnliche Vorgehensweise bietet sich bei den External Output und den Queries an.

An dieser Stelle sollen aber auch einige Einschränkungen der
IFPUG-FPA, derer wir uns für ihren praktischen Einsatz bewusst werden sollten, nicht verschwiegen werden: Da die Systemgrenze bei Ermittlung der Function Points eine zentrale Rolle spielt, ist die FPA
nicht additiv, es können also nicht zunächst die Aufwände für einzelne Systemkomponenten ermittelt und später aufsummiert werden, da
dieses Vorgehen die Werte verfälschen würde. Und wie wir gesehen
haben, können Function Points zwar durchaus in objektorientierten
Vorgehensmodellen eingesetzt, aber nicht direkt aus den Anforderungen (also heute meist den Use Cases oder User Stories) abgeleitet
werden, sondern frühestens aus einer Daten- und Funktionsanalyse
des Systems.

In der Praxis hat es sich durchgesetzt, Function Points bzw. ihr
(mit Hilfe der Tabelle auf der hinteren Umschlagseite) in LOC konver-
tiertes Äquivalent als Eingabeparameter für algorithmische Schätzmodelle zu verwenden. In der Literatur findet sich daher für die dort
gezeigten Tabellenwerte manchmal der Ausdruck der durchschnittlichen **Expansionsrate** für einen Function Point, der im endgültigen
System beispielsweise zu etwa 55 Zeilen Java-Code „expandieren"
wird. Umgekehrt ist natürlich auch das sogenannte **Backfiring** möglich, das es erlaubt aus (automatisiert) gezählten LOC, schnell und
unkompliziert auf die ungefähre Anzahl von Function Points einer
Applikation zu schließen. Auf Grund der prinzipbedingten Ungenau-
igkeiten ist dies in der Praxis allerdings ein sehr umstrittenes Verfahren.

Ferner hält die einschlägige Literatur zahlreiche (nicht mehr unbedingt zeitgemäße) Umrechnungstabellen und auch Faustformeln
bereit, um direkt auf Basis der (Adjusted) Function Points (ohne Umweg über LOC) zu Vorhersagen über Entwicklungszeit und -aufwand
gelangen zu können. Zur groben Abschätzung der Entwicklungszeit
in Kalendermonaten gilt dabei folgender Zusammenhang:

$$Entwicklungszeit = FP^{0,4}$$

Bei der Anwendung von agilen Vorgehensmodellen gibt Jones [Jones 07] für Projektgrößen im Bereich von etwa 500 bis 1.000 Function Points einen geringfügig besseren Exponenten von 0,33 an.

Eine Division der Function Points durch 150 ergibt eine sinnvolle Näherung für die zur Entwicklung einer Applikation durchschnittlich benötigten Mitarbeiter, während eine Division durch 500 die ungefähr notwendige Anzahl an Mitarbeitern für die Systemwartung ergibt, sobald ein System in Betrieb gegangen ist. Somit lässt sich für eine Applikation der ungefähre Entwicklungsaufwand in Personenmonaten mit folgender Faustformel berechnen:

$$Aufwand = FP^{0,4} \cdot \frac{FP}{150}$$

Die International Software Benchmarking Standards Group (ISBSG [WWW]) hat aus von ihr gesammelten Projektdaten ebenfalls verschiedene Faustformeln abgeleitet. Generell schlägt sie, in Abhängigkeit von den ermittelten Function Points und der geplanten maximalen Mitarbeiterzahl, die folgende Formel für den Projektaufwand in Personenmonaten vor:

$$Aufwand = 0,512 \cdot FP^{0,392} \cdot Teamgröße_{max}^{0,791}$$

Die ISBSG hat noch eine Reihe weiterer Regressionsanalysen für spezifische Projektarten durchgeführt und beispielsweise für ein Projekt in einer Sprache der dritten Generation (3GL, also beispielsweise Java, C# etc.) die folgende Formel hergeleitet:

$$Aufwand = 0,425 \cdot FP^{0,488} \cdot Teamgröße_{max}^{0,697}$$

Für alle ISBSG-Formeln wird übrigens ein projektbezogener Aufwand von 132 Personenstunden pro Personenmonat zu Grunde gelegt. Weitere Details finden sich in den Veröffentlichungen der ISBSG. Abschließend sei noch die Berücksichtung von negativen Skaleneffekten in diesen Formeln erwähnt, die bei ansteigender Teamgröße zu einem deutlichen Aufwandswachstum führen. Möchten wir beispielsweise ein Projekt mit einem Umfang von etwa 2500 Function Points mit einer maximalen Teamgröße von 10 Personen durchführen, ergibt das mit der 3GL-Formel einen geschätzten Gesamtaufwand von rund 96 Personenmonaten. Ein Team mit 12 Personen benötigt bereits einen ungefähren Aufwand von 109 Personenmonaten, bei 15 Personen kumuliert sich der Aufwand auf insgesamt 128 Personenmonate. Unter dem zeitlichen Aspekt betrachtet, benötigt das kleine Team mit 10 Mitgliedern gemäß obiger Formel nur etwa einen Kalendermonat länger als das Team mit 15 Mitgliedern, und das, wie gezeigt, bei gut einem Viertel weniger Gesamtaufwand.

Variationen

Eine sehr einfache Möglichkeit die FPA zu beschleunigen, ohne sie grundsätzlich zu verändern, ist alle erkannten Daten- und Transaktionselemente generell nur mit mittlerer Komplexität zu zählen und dadurch das andernfalls notwendige, sehr arbeitsintensive Abzählen von DETs, RETs und FTRs zu vermeiden. Diese Vereinfachung bietet sich früh im Projekt als eine erste Abschätzung an, die im weiteren Projektverlauf durch eine vollständige FPA nachgeschärft werden sollte. Eine ähnliche Idee verfolgen die sogenannten **Feature Points**, die auf Capers Jones [Jones 07] zurückgehen. Auch Jones verwendet (abgesehen von den ILFs) im Wesentlichen die mittleren Komplexitätswerte der Function-Point-Elemente, bewertet aber zusätzlich noch die Komplexität von im System benötigten Algorithmen. Damit eignet sich seine Vorgehensweise auch besser zur Abschätzung von eingebetteten Systemen (s. ab Seite 62 für weitere Zählverfahren dafür), deren Entwicklungskomplexität üblicherweise stärker durch umfangreiche Algorithmen zur Datenverarbeitung als allein durch die Datenverwaltung verursacht wird.

Aus den Niederlanden stammt das sogenannte indikative Zählen von Function Points, häufig auch the **Dutch Method** genannt, das aus den durchschnittlichen Verteilungen der Function Points untereinander abgeleitet wurde. Es zielt ebenfalls darauf ab, frühzeitig im Entwicklungsprozess eine grobe Abschätzung des Funktionsumfangs zu ermöglichen und zählt dafür nur die Anzahl der ILFs und EIFs. Aus dieser lassen sich mit Hilfe der folgenden Formel die sogenannten indikativen Function Points (*IFPs*) ableiten:

$$IFP = 35 \cdot ILFs + 15 \cdot EIFs$$

Die erreichbare Korrektheit von solcherart vereinfachten Analysen kann natürlich prinzipbedingt nicht mit einer vollständigen FPA konkurrieren, in der Praxis werden die genannten Techniken aber gerne eingesetzt, um schnell und kostengünstig ein erstes Gefühl für zu erwartende Aufwände zu erhalten. Die folgende Tabelle fasst die Function-Point-Gewichte der genannten Vereinfachungen noch einmal auf einen Blick zusammen:

Elementtypen	Mittlere FPs	Feature Points	Dutch Method
EI	4	4	-
EO	5	5	-
EQ	4	4	-
ILF	10	7	35
ELF	7	7	15
Algorithmus	-	1–10 (Default = 3)	-

Eine weitere, vor allem in Großbritannien häufig verwendete Variante der IFPUG-FPA sind die im Folgenden vorgestellten Mark II Function Points.

Mark II Function Points

Die Mark II Function Points gehen auf Charles Symons zurück, der Mitte der 1980er Jahre die originalen Function Points nach Albrecht in verschiedenen Punkten kritisierte und eine eigene Variante entwickelte. Diese findet sich heute unter dem Dach der britischen Software Metrics Association (UKSMA), welche im Gegensatz zur IFPUG ihr Counting Manual auch Nicht-Mitgliedern frei verfügbar macht [WWW]. Die letzte Aktualisierung aus dem Jahre 1998 gilt als stabiles Release, das auch einem ISO-Standard aus dem Jahr 2002 zugrunde liegt. Die UKSMA geht davon aus, dass für die sorgfältige Erstellung einer Mark-II-Analyse etwa 0,2 bis 0,4 % des Gesamtentwicklungsaufwands eines Systems aufgewendet werden müssen.

Ziel der Mark II Function Points war es vor allem, eine einfache Zählweise zu etablieren, die kontinuierlicher und somit genauer zählbar ist, als die nur in diskreten Komplexitätsstufen (gering, mittel und komplex) abzählbaren und dadurch mit einer oberen Schranke versehenen IFPUG Function Points. Symons sah ein zentrales Problem von Albrechts Zählweise nämlich darin, dass die Größe sehr komplexer Daten- und Transaktionselemente durch die gegebenen Tabellen nach oben gedeckt wird. Laut UKSMA ergeben beide Zählvarianten daher bei kleinen und mittleren Systemen bis etwa 400 Function Points weitgehend übereinstimmende Ergebnisse und weichen erst bei größeren Werten nennenswert voneinander ab. Auch die Mark II Function Points kennen eine Systemgrenze und logische Transaktionen, die gemäß dem EVA-Prinzip (Eingabe, Verarbeitung, Ausgabe) eben diese drei Teile voneinander trennt. Ähnlich wie die IFPUG-FPA folgt auch die Mark-II-Analyse einem festgelegten Ablauf, der folgende Schritte vorsieht:

1. Festlegen des Blickwinkels und der Systemgrenze
2. Identifizieren der logischen Transaktionen, dabei Zählen der darin enthaltenen Datenelemente
3. Identifizieren und Kategorisieren der Datenentitäten
4. Berechnen der funktionalen Größe der Applikation

Zu Beginn der Analyse muss festgelegt werden, unter welchen Voraussetzungen ein System analysiert werden soll. Wird z. B. ein Client-Server-System als Ganzes gezählt, ist eine andere Systemgrenze zu wählen, als wenn Client- und Server-Funktionalität getrennt betrachtet werden sollen. Ähnlich wie bei den IFPUG Function Points lassen sich Transaktionen in use-case-getriebenen Entwicklungsansätzen mit Hilfe von System-Sequenzdiagrammen ermitteln. Es liegt dabei nahe, einen Transaktionsschritt in einem **Use Case** (also jeweils die Ein- und Ausgabe einer Systemoperation) mit einer logischen Transaktion im Sinne der Mark II Function Points gleichzusetzen. Auch die Mark-II-FPA bezeichnet die Nettogröße der Systemfunktionalität als Unadjusted Function Points (UFP) und berechnet sie nach folgender Formel:

$$UFP = W_I \cdot Inputs + W_E \cdot Entities + W_O \cdot Outputs$$

Die Gewichte für W_I, W_E und W_O sind idealerweise durch eine eigene Kalibrierung zu ermitteln bzw. können dem Industriestandard entsprechend mit folgenden Durchschnittswerten belegt werden:

Gewicht	Standardwert
W_I	0,58
W_E	1,66
W_O	0,26

Füllen wir auch diese abstrakten Begriffe mit Hilfe des obigen On-line-Shop-Beispiels mit etwas Leben: Die Systemgrenze sei das auf dem Server ablaufende Shop-System, das drei logische, die System-grenze überschreitende Transaktionen, nämlich das Suchen von CDs, das Aufgeben einer Bestellung und die Umsatzanzeige, enthält. Der nächste Schritt umfasst das Identifizieren der Entitäten, also der im System gespeicherten Daten, die jeweils den Transaktionen zugeord-net werden. Analog zum IFPUG-Ansatz ergibt dies insgesamt vier Enti-täten, nämlich CD, Kunde, Bestellung und Rechnung.

Zur Bestimmung der Komplexität der Eingabe- und Ausgabe-Ope-rationen müssen nun noch die jeweils übermittelten Datenelemente (ähnlich den DETs bei Albrechts FPA) gezählt werden, das sind für die Transaktion sucheCD ein Eingabeelement (der Suchbegriff) und vier Ausgabeelemente (die Attribute der CD). Für die Transaktion bestellungAufgeben ergeben sich drei Eingabeelemente (die IDs der bestellten CDs, die Kundennummer und das Passwort) und unter der Annahme, dass ein Verkaufsvorgang mit einer dedizierten Fehler-meldung auch fehlschlagen kann, insgesamt vier Ausgabeelemente (Rechnungsnummer, Rechnungssumme, Titel der CDs und die Feh-lermeldung). Für die Operation umsätzeAbrufen finden wir zwei Ein-gabe- (KundenID und Jahr) sowie zwei Ausgabedatenelemente (die Monate und die kumulierten Umsätze). Die referenzierten Entitäten entsprechen den FTRs bei der IFPUG-FPA. Zusammenfassend ergibt sich also folgende Tabelle:

Logische Transaktion	Input-Daten-elemente	Referenzierte Entitäten	Output-Daten-elemente
sucheCD	1	1	4
bestellungAufgeben	3	4	4
umsätzeAbrufen	2	2	2
Summe	6	7	10

Setzen wir diese Werte abschließend in die obige Formel ein, ergibt sich die folgende Berechnung:

$$UFP = 0{,}58 \cdot 5 + 1{,}66 \cdot 8 + 0{,}26 \cdot 10 \approx 19$$

Symons gibt eine ungefähre Produktivität von 0,1 FPs pro Personen-stunde für Systeme mit um die 100 FPs an, die ab etwa 1.000 FPs auf Grund von negativen Skaleneffekten auf rund 0,06 FPs pro Personen-stunde zurückgehen, so dass sich für unser Beispiel ein ungefährer Entwicklungsaufwand von rund 180 Personenstunden ergäbe.

Object/Application Points

Auf den ersten Blick liegt es nahe, in den sogenannten **Object Points** den objektorientierten Nachfolger der Function Points zu sehen. Die-se Vorstellung ist allerdings nur teilweise korrekt, da mindestens zwei verschiedene Verfahren gleichen Namens existieren, von denen nur eines, nämlich die Object Points nach Harry Sneed speziell für die Abschätzung von objektorientierter Software entwickelt wurde. Bis heute konnte sich Sneeds Verfahren jedoch nicht durchsetzen und ist praktisch in Vergessenheit geraten. Das Object-Points-Verfahren nach Banker hat unter dem Namen Application Points immerhin Eingang in frühe Versionen von Boehms COCOMO II gefunden, so dass wir es im Folgenden genauer betrachten wollen.

Bankers Object Points beruhen abermals auf einer ähnlichen Vorge-hensweise wie die IFPUG Function Points. Sie gelten in der Theorie auch als ähnlich präzise, wurden in der Praxis aber bisher nur sehr spärlich eingesetzt, obwohl der benötigte Zählaufwand um etwa die Hälfte gerin-ger eingeschätzt wird als bei einer FPA. Bankers Ansatz versucht, Platz-halter für die Funktionalität einer Software zu nutzen, die möglichst frühzeitig im Verlauf der Systementwicklung gezählt werden können. Object Points nutzen direkt aus den Anforderungen ersichtliche Objek-te, wie die Anzahl der sichtbaren Bildschirme oder Reports. Beide wer-den anhand der in ihnen sichtbaren Teilbereiche (Views bzw. Sektionen genannt) und der referenzierten Datenbanktabellen mit Hilfe folgender Tabellen gewichtet. Für Bildschirme gelten folgende Gewichtungen:

Anzahl der Views	Anzahl von Datenbanktabellen		
	<4	<8	≥8
<3	1	1	2
3–7	1	2	3
≥8	2	3	3

Für Reports ist die folgende Tabelle vorgesehen:

Anzahl der Sektionen	Anzahl von Datenbanktabellen		
	<4	<8	≥8
0–1	2	2	5
2–3	2	5	8
≥4	5	8	8

Ferner sehen Object Points noch die Bewertung von im System verwendeten 3GL-Komponenten mit jeweils 10 Object Points vor. Aus heutiger Sicht sind diese 3GL-Komponenten in etwa mit Klassen in der objektorientierten Programmierung vergleichbar und entsprechend während der Anforderungserfassung praktisch nur schwer abschätzbar.

Die Anwendung der Object Points folgt dem bereits bekannten Schema: nach der Identifikation aller Elemente werden diese gewichtet und aufsummiert. Nehmen wir beispielhaft an, wir hätten eine Applikation zu schätzen, die aus zehn Benutzerschnittstellen mittlerer Komplexität, acht Reports mittlerer Komplexität und 26 3GL-Modulen bestehen soll, so ergibt dies:

$$OP = 10 \cdot 2 + 8 \cdot 5 + 26 \cdot 10 = 320$$

Nach heutigem Stand ist davon auszugehen, dass etwa 13 Object Points (± 50 %) mit einem Personenmonat Aufwand implementiert werden können. Weitere Details und die Fortführung des Anwendungsbeispiels folgen später (ab Seite 75) im Rahmen der Erklärung von COCOMO II.

Use Case Points

Mit der Weiterentwicklung der objektorientierten Programmierung in den 1990er Jahren gingen auch Fortschritte in der Entwicklung von Vorgehensmodellen für die objektorientierte Analyse und das objektorientierte Design einher. Nachdem die Firma Rational Mitte der 1990er Jahre die damals führenden Experten auf diesem Gebiet (nämlich Grady Booch, Ivar Jacobson und James Rumbaugh, auch bekannt als die „Three Amigos") unter ihr Dach geholt hatte, führten deren

Aktivitäten Ende der 1990er Jahre nicht nur zur Veröffentlichung des (Rational) **Unified Process** (RUP) sondern auch zur Standardisierung der Unified Modelling Language (UML). Während letztere vereinheitlichte Notationen für verschiedenste Diagramme in der Softwareentwicklung definiert, regelt der Unified Process die Verwendung der UML zur Erstellung von Modellen von Softwaresystemen (vgl. [Larman 05]). Im Rahmen des Unified Process finden auch die zuvor bereits angesprochenen Use Cases, die erstmals in Ivar Jacobsons Objectory-Methode zur Erfassung von Anforderungen eingesetzt wurden, Verwendung. Aus Jacobsons Umfeld stammt zudem die Technik der sogenannten **Use Case Points** zur Bewertung des Funktionsumfangs einer Software, die zwar einfacher und intuitiver als die Function-Point-Analyse ist, sich aber bis dato nicht auf ebenso breiter Front durchzusetzen vermochte. Use Case Points erfreuen sich in jüngster Zeit allerdings gerade im deutschsprachigen Raum eines erhöhten Interesses und sollen nicht zuletzt deswegen im Folgenden genauer vorgestellt werden.

Die grundsätzliche Vorgehensweise zur Ermittlung der Use Case Points ist der der Function Points abermals sehr ähnlich. Zunächst müssen die sogenannten Unadjusted Use Case Points (UUCP) bestimmt werden. Die beiden wesentlichen Einflussfaktoren dafür lassen sich direkt aus ausformulierten Use Cases ableiten, es handelt sich einerseits um das sogeannte Unadjusted Use Case Weight (UUCW), das sich aus der Anzahl der Schritte der Use Cases ableitet, sowie um das sogenannte Unadjusted Actor Weight (UAW), das ein Maß für die „Komplexität" der Akteure in den Use Cases darstellt. Wie bei den Function Points werden beide Gewichte in drei Komplexitätsklassen eingeteilt, denen jeweils eine bestimmte Anzahl von Use Case Points zugewiesen wird. Bezüglich der Akteure (UAW) unterscheidet die Use-Case-Point-Methodik nach Art und Komplexität der Eingabeschnittstellen des Systems wie in der folgenden Tabelle aufgeschlüsselt:

Komplexität	Beschreibung	Gewichtung w_i
gering	Der Akteur ist ein anderes System, das eine API zur Interaktion mit dem System benutzt.	1
mittel	Der Akteur ist ein anderes System, das über ein Protokoll (wie TCP/IP), bzw. ein Mensch, der über die Kommandozeile mit dem System interagiert.	2
hoch	Der Akteur ist eine Person, die über eine grafische Benutzeroberfläche mit dem System interagiert.	3

Die Komplexität der Funktionalität der Use Cases selbst (UUCW) richtet sich nach der nun folgenden Tabelle:

Komplexität	Beschreibung	Gewichtung w_i
gering	Ein Use Case dieser Komplexität benötigt maximal 3 Transaktionen und sollte mit weniger als 5 Entitäten auskommen.	5
mittel	Ein Use mit 3 bis 7 Transaktionen, der mit 5 bis 10 Entitäten umsetzbar sein sollte.	10
hoch	Alle Use Cases mit mehr als 7 Transaktionen und wenigstens 10 Entitäten.	15

Sobald sowohl die Akteure als auch die Funktionalitäten gemäß der gezeigten Tabellen festgestellt sind, können mit Hilfe der folgenden Formel die UUCPs bestimmt werden:

$$UUCP = \sum_{i=1}^{6} n_i \cdot w_i$$

In Worten ausgedrückt, bedeutet das, dass wir die Anzahl der gefundenen Akteure und Funktionalitäten mit ihren jeweiligen Gewichtungen aus der obigen Tabelle multiplizieren und aufsummieren.

Ist die Systemgröße in UUCPs ermittelt worden, besteht zur Aufwandsabschätzung analog zu den IFPUG Function Points die Möglichkeit, unter Zuhilfenahme von technischen Komplexitätsfaktoren (TCF) und Umgebungsfaktoren (EF) die sogenannten Adjusted Use Case Points (AUCP) zu errechnen. Die technischen Komplexitätsfaktoren sind dabei bis auf wenige Ausnahmen identisch mit denen der Function-Point-Analyse und auch die Formel zur Berechnung ist sehr ähnlich: Einer der Faktoren wurde gestrichen und die aus der FPA bekannte Konstante von 0,65 auf 0,6 reduziert, so dass ein vollständig als durchschnittlich eingeschätztes System auch tatsächlich mit einer Komplexität von 1,0 bewertet wird. Zusätzlich wurde noch ein weiterer Faktor g_i eingeführt, mit dessen Hilfe die Komplexitätsfaktoren untereinander noch einmal gewichtet werden können:

$$TCF = 0,6 + \frac{1}{100} \sum_{i=1}^{13} c_i \cdot g_i$$

Die nachfolgende Tabelle fasst die Faktoren und ihre Gewichte zusammen.

Aufwands-treiber c_i	Beschreibung	Gewichtung g_i
c_1	verteilte Datenverarbeitung	2
c_2	Leistungsanforderungen	1
c_3	effiziente interaktive Dateneingabe	1
c_4	komplexe interne Berechnungen	1
c_5	Wiederverwendbarkeit	1
c_6	Einfachheit der Installation	0,5
c_7	Einfachheit der Benutzbarkeit (Usability)	0,5
c_8	Portabilität	2
c_9	Änderbarkeit	1
c_{10}	Nebenläufigkeit	1
c_{11}	spezielle Sicherheitsanforderungen (Security)	1
c_{12}	direkter Zugriff für Dritte	1
c_{13}	spezielle Möglichkeiten zur Benutzerschulung	1

Bewertet wird wie bei der FPA auf einer Skala von 0 bis 5, wobei 0 einen irrelevanten Faktor bezeichnet, 3 den durchschnittlichen Einfluss auf das System kennzeichnet und 5 den höchstmöglichen (negativen) Einfluss. Werden alle Faktoren mit dem Wert 3 angesetzt, so ergibt sich für *TCF* insgesamt, wie bereits erwähnt, der Wert 1. Zusätzlich zu diesen technischen Faktoren sieht die Use-Case-Points-Methodik den bereits genannten Umgebungsfaktor *EF* vor, der den Einfluss der Projektumgebung abbilden soll und sich aus acht Aufwandstreibern wie folgt zusammensetzt:

Aufwands-treiber e_i	Beschreibung	Gewichtung p_i
e_1	Vertrautheit mit dem Vorgehensmodell	1,5
e_2	Teilzeitkräfte	-1
e_3	Fähigkeiten der Analysten	0,5
e_4	Erfahrung in der Domäne	0,5
e_5	Erfahrung mit Objektorientierung	1
e_6	Motivation	1
e_7	Komplexität der Programmiersprache	-1
e_8	Stabilität der Anforderungen	2

Die Formel zur Summation der Umgebungsfaktoren ist geringfügig anders, durch die beiden in der Tabelle enthaltenen negativen Gewichtungen p_2 und p_7 ergibt eine Default-Belegung aller acht e_i mit 3 aber wiederum einen neutralen Wert von 1.

$$EF = 1,4 - \frac{3}{100} \cdot \sum_{i=1}^{8} e_i \cdot p_i$$

Es liegt auf der Hand, dass sich die Use Case Points (UCPs) nun unter Verwendung der genannten Faktoren durch einfaches Ausmultiplizieren bestimmen lassen:

$$UCP = UUCP \cdot TCF \cdot EF$$

Auf den ersten Blick erscheinen UCPs als ein vielversprechender Ansatz, da mit ihrer Hilfe sehr früh im Entwicklungsprozess sehr genaue Schätzungen erstellt werden können. Leider finden sich in der Fachliteratur bisher nur sehr wenige praktische Messungen und auch zur Umrechnung in LOC oder Entwicklungsaufwand existieren praktisch (noch) keine belastbaren Angaben. Für den letztgenannten Zusammenhang wird momentan etwa von einem Entwicklungsaufwand von rund 3,5 Bearbeitertagen pro UCP ausgegangen.

Auf Grund verschiedener Lücken in der Nutzungsbeschreibung und der mathematischen Definition der Use Case Points haben in den letzten Jahren im deutschsprachigen Raum verschiedene Universitäten zusammen mit der Firma Capgemini sd&m an der Weiterentwicklung der Use Case Points gearbeitet. Eine jüngst zu diesem Thema veröffentliche Dissertation ist auf der Webseite zu diesem Buch verlinkt [WWW].

Web Objects

Der sich in den letzten Jahren immer weiter verstärkende Trend hin zu Systemen, die einen Webbrowser zur Darstellung der Benutzerschnittstelle verwenden (Stichwort: **Webapplikation**en und Software as a Service (SaaS)) hat dazu geführt, dass auch Aufwandsschätzverfahren entwickelt wurden, die speziell auf diese Familie von Anwendungen zugeschnitten sind [Stutzke 05]. Die grundsätzliche Idee ist wiederum sehr ähnlich zu den bisher vorgestellten Verfahren, es wird versucht anhand von einfach zu zählenden Platzhaltern den Entwicklungsaufwand einer solchen Anwendung zu extrapolieren. Die **Web-Object-Analyse** (WOA) nach Reifer [Stutzke 05] baut direkt auf der IFPUG-FPA auf und erweitert die dort vorhandenen Daten- und Transaktionselemente um weitere sogenannte Web-Objekte. Eine erste Version dieses Schätzmodells kannte sieben zusätzliche Objekttypen, diese wurden aber nach weiteren Untersuchungen auf vier reduziert. Somit nutzt die WOA aktuell die folgenden Elemente, um die Größe von Systemen zu messen:

Element	gering	mittel	hoch
# Multimedia-Dateien	JPEG (4)	sonstige Bilder, Sound-Dateien (5)	Video- und Audio-Dateien (7)
# Web Building Blocks	1–50 (3)	51–250 (4)	>250 (6)
# Skripte / Use Cases	1–3 Akteure (2)	4–6 Akteure (3)	>6 Akteure (4)
# LOC mit Datenaufrufen	HTML (3)	SQL etc. (4)	XML (6)
ILFs, EIFs, EIs, EOs, EQs	wie bei der FPA nach Albrecht		

Neben den Elementen sind in obiger Tabelle in den weiteren Spalten die entsprechenden Angaben zur Einordnung geringer, mittlerer und hoher Aufwände enthalten. In den jeweiligen Zellen finden sich in Klammer die Faktoren, mit denen ein gefundenes Element gewichtet werden muss. Aber damit nicht genug, um das tatsächliche „Volumen" einer Software abzumessen, beziehen die Web Object Points in Anlehnung an Halsteads Program Volume nicht nur die in der obigen Tabelle gelisteten sogenannten Operanden ein, sondern zusätzlich auch sogenannte Operatoren. Operatoren sind Funktionalitäten, die jeweils auf die Operanden (also die Elemente) angewendet werden. Beispielsweise könnte eine JPEG-Datei geladen oder gelöscht werden. Die folgende Tabelle hält eine beispielhafte Übersicht dazu bereit:

Prädiktor	Beispiele Operanden	Beispiele Operatoren
Multimedia-Datei	Bilder, Videos, Töne	anzeigen, abspielen, editieren...
Web Building Block	Applets, DCOM u. Active X Components	anlagen, aufrufen, beenden...
Skript / Use Case	Macros	starten, neu starten, suchen...
LOC mit Datenaufrufen	Codezeilen, die Datenaufrufe enthalten	anlegen, aufrufen...

Alle Operatoren, die auf einen Operanden angewendet werden, werden gezählt und schließlich mit der Komplexität des jeweiligen Operanden multipliziert, das Ergebnis aller Multiplikationen wird aufaddiert. Das so ermittelte Volumen der Funktionalität kann mit Hilfe von Erfahrungstabellen in LOC umgerechnet (so entspricht ein Web Object Point etwa 32 Zeilen Java-Code) und dann beispielsweise in einem algorithmischen Schätzverfahren wie COCOMO oder direkt in einem eigens angepassten algorithmischen Modell verwendet werden.

An dieser Stelle sei noch kurz ein ähnlicher Ansatz aus dem Bereich des Web-Designs erwähnt, der auch bei der Entwicklung von Webapplikationen gute Dienste leisten kann. Dieser trägt den Namen **Web Points** und basiert auf der Zählung bzw. Schätzung von Worten, Bildern und Links in zu erstellenden Webpages. Auf Basis dieser Werte wird die Komplexität einer Webpage mit Hilfe der folgenden Tabelle eingeordnet und gewichtet:

Wortanzahl	Linkanzahl + nicht textuelle Elemente (z. B. Bilder)		
	bis zu 5	**6–15**	**über 15**
bis zu 300	gering (4)	gering (4)	mittel (6)
301–500	gering (4)	mittel (6)	hoch (7)
über 500	mittel (6)	hoch (7)	hoch (7)

Eine Seite mit 1.000 Worten, 10 Bildern und 15 Links würde also mit einer hohen Komplexität und 7 Web Points gezählt. Entsprechend der Tabelle werden die Web Points für jede statische HTML-Seite ermittelt und über alle Seiten aufsummiert. Die errechnete Summe beschreibt somit die Größe der zu erstellenden Webpräsenz. Die durchschnittliche Produktivität eines Webdesigners wird mit etwa 0,5 Web Points pro Personenstunde angegeben, so dass sich der zu erwartende Gesamtaufwand in Personenstunden leicht berechnen lässt.

Größenmessung für Eingebettete Systeme

Zielgruppe der bisher vorgestellten Techniken waren in erster Linie Informationssysteme, wie sie heute vor allem im Bereich der Wirtschaftsinformatik entwickelt und verwendet werden. Aber natürlich profitiert auch die andere große Untergruppe von Softwaresystemen, nämlich die eingebetteten Systeme, von guten Aufwandsabschätzungen, und praktischerweise sind die bisher vorgestellten Techniken dort ebenfalls anwendbar. Interessant ist beispielsweise die in [Kamm et al. 04] beschriebene Vorgehensweise, eine mit Function Points und COCOMO II erstellte Aufwandsschätzung für den Entwicklungsaufwand von Automotive-Software mit Hilfe von Expertenschätzungen nach der Delphi-Methode zu überprüfen. Besondere Eigenheiten von eingebetteten Systemen, wie beispielsweise die dort oft benötigten komplexen Algorithmen, werden von den IFPUG Function Points allerdings nur unzureichend berücksichtigt, weshalb wir uns im Folgenden noch zwei für die Größenmessung von Embedded Software besser geeignete Verfahren anschauen wollen.

3D Function Points

Exakt auf diese Gruppe von prozessintensiven Systemen, die auch an der Echtzeitverarbeitung von Daten und nicht nur an ihrer Persistierung interessiert sind, zielen die sogenannten 3D Function Points, die etwa zu Beginn der 1990er Jahre von Scott Whitmire bei Boeing in den USA entwickelt wurden. Wie der Name bereits vermuten lässt, betrachtet diese Methodik zur Beschreibung von Softwaresystemen drei Dimensionen, nämlich jeweils eine für Daten (*DD*), Funktionalität (*FD*) und Verhalten (*CD*). Ursprünglich geht diese Betrachtung von Systemen auf eine Idee zur Softwaremodellierung von Tom DeMarco zurück und findet sich heute auch vereinzelt in Vorgehensmodellen wie in der vom Fraunhofer IESE entwickelten KobrA-Methode [Bunse & v. Knethen 08] wieder. Die „Größe" eines Systems berechnet sich für 3D Function Points aus der Summe der drei Dimensionen gemäß folgender Formel:

$$3DFP = \sum DD + \sum FD + \sum CD$$

Die Berechnung der Datenkomplexität (*DD*) erfolgt in Anlehnung an die IFPUG Function-Point-Analyse über die bereits dort (s. Seite 39) erklärte Formel:

$$DD = UFP = \sum ILF + \sum EIF + \sum EI + \sum EO + \sum EQ$$

Die funktionale Dimension (*FD*) befasst sich mit der Abschätzung von internen Verarbeitungsschritten (Transformationen *T* genannt) und zählt bzw. schätzt dafür die Anzahl der mathematischen Operationen, die zwischen Eingabe und Ausgabe zur Bearbeitung von Daten notwendig werden. Generell sind nicht alle Algorithmen auch notwendigerweise Transformationen im Sinne der 3D Function Points, da sie nicht zwingend mathematische Berechnungen enthalten müssen. Angelehnt an die ursprünglichen Function Points werden Transformationen anhand der Zahl ihrer Berechnungsschritte und der dabei notwendigen semantischen Bedingungen (Pre- bzw. Postconditions und Invarianten) gemäß folgender Tabelle gewichtet:

Berechnungs- schritte	semantische Bedingungen		
	1–5	**6–10**	**≥11**
1–10	gering	gering	mittel
11–20	gering	mittel	hoch
≥21	mittel	hoch	hoch

Somit errechnet sich die Komplexität der Funktionalität aus der Summe der gewichteten Transformationen, wobei eine geringe Komplexität mit 7, eine mittlere mit 10 und eine hohe mit 15 Punkten zu zählen ist:

$$FD = \sum T$$

Aufbauend auf den Zustandsdiagrammen bzw. -automaten eines Systems zählt die Verhaltensdimension (control dimension, *CD*) die ungewichtete Anzahl der Übergänge (*R*) zwischen ihnen und summiert diese, jeweils gewichtet mit einer mittleren Komplexität von 3 Punkten, einfach auf:

$$CD = 3 \cdot \sum R$$

Die Vorteile der 3D Function Points liegen somit klar in der Möglichkeit für sehr präzise Messungen der Systemgröße, aber auch die Nachteile liegen auf der Hand. Zur Abschätzung aller drei Dimensionen muss eine gründliche Systemanalyse mit Daten-, Funktions- und Zustandsmodellen durchgeführt worden sein, andernfalls sind die notwendigen Zählungen nicht durchführbar. Ein weiterer Nachteil ist die geringe Verbreitung des Ansatzes, so dass nur wenig empirische Vergleichsdaten zur Verfügung stehen. Eine Anwendung der Formeln bzw. Tabellen der IFPUG Function Points liegt zwar offensichtlich nahe, erfolgt aber auf eigene Gefahr bzw. sollte möglichst mit eigenen Erfahrungswerten kalibriert werden. Whitmire sieht übrigens für seine Methodik noch weitergehendes Potenzial, da er persönlich in der Lage war, auch Klassen in objektorientierten Designs mit den genannten Techniken zu bewerten und aufbauend auf Erfahrungswerten sehr genaue Vorhersagen für den zu erwartenden Implementierungsaufwand daraus abzuleiten.

COSMIC Full Function Points

Die sogenannten COSMIC Full Function Points (FFPs) wurden vom Common Software Measurement International Consortium, einem Zusammenschluss von zahlreichen internationalen Schätzexperten und -organisationen, entwickelt und liegen mittlerweile in der Version 3.0.1 vor. Aufbauend auf gut 15 Jahren Erfahrung in der funktionalen Größenbestimmung von Software, hatte sich COSMIC Ende der 1990er Jahre zum Ziel gesetzt, einen neuen Ansatz zu entwickeln, der nicht mehr unter den gleichen Schwächen wie seine Vorläufer leiden sollte. Das bedeutet, die COSMIC FFPs sollten nicht mehr eine Fokussierung auf Informationssysteme aufweisen, sondern allgemeiner auch für Systeme mit vielen Datenbewegungen und daher z. B. auch besser für eingebettete Systeme anwendbar sein. Nicht direkt unterstützt wird Software mit einem Focus auf mathematiklastigen Algorithmen, also beispielsweise wissenschaftliche Simulationssysteme und Ähnliches, entsprechende Erweiterungsmöglichkeiten sind aber vorgesehen.

Als ein Abkömmling von Albrechts Original funktioniert die COS-MIC-FFP-Methode noch immer nach den gleichen Prinzipien: COS-MIC betrachtet also ebenfalls die funktionalen Nutzeranforderungen (Functional User Requirements) an ein Softwaresystem und zerlegt diese in elementare Bausteine, die funktionale Prozesse genannt werden. Dabei werden entsprechend abgrenzbare Teile (in COSMIC Layer genannt – beispielsweise werden Client und Server jeweils als eigenständige Layer betrachtet) einer Software auch getrennt gemessen. Ein funktionaler Prozess umfasst eine einzigartige, zusammenhängende und unabhängig ausführbare Menge von Datenbewegungen.

COSMIC definiert vier solcher Datenbewegungen, nämlich *Entry, Exit, Read* und *Write*. Die ersten beiden treten an der Schnittstelle eines Bausteins zur Außenwelt, also üblicherweise in Richtung des User Interface bzw. am Übergang zu anderen nutzenden Softwaresystemen, auf. *Read-* und *Write*-Datenbewegung entstehen überall dort, wo Daten im Backend persistiert werden.

Die funktionale Größe eines Prozesses wird als direkt proportional zur Anzahl der Datenbewegungen angenommen, d. h. jede notwendige Datenbewegung wird mit jeweils 1 CFP (COSMIC Function Point, in älteren Versionen noch mit Cfsu für COSMIC functional sizing unit bezeichnet) gewichtet. Somit bestimmt sich die Größe eines funktionalen Prozesses aus der Summe aller seiner Datenbewegungen wie folgt:

$$CFP = \sum Entries + \sum Exits + \sum Reads + \sum Writes$$

Zusammenhängende Daten werden dabei jeweils als eine Datenbewegung gezählt. Angenommen, in einem Informationssystem werden Kundendaten verwaltet, und wir möchten einen bestimmten Datensatz verändern. Da uns nur der Name des Kunden bekannt ist, müssen wir zunächst eine Suche nach dem Datensatz auslösen (1 *Entry*). Das System muss die Kundendaten lesen (1 *Read*) und Name und Kundennummer aller auf die Anfrage passenden Kunden ausgeben (1 *Exit*). Ein weiterer *Exit* muss noch für eine mögliche Fehlermeldung gezählt werden, so dass diese Funktion insgesamt 4 CFP ergibt. Um aus der gelieferten Liste einen Kunden auszuwählen, wird dessen Kundennummer wieder dem System übermittelt (1 *Entry*), das System liest (1 *Read*) und liefert (1 *Exit*) den kompletten Datensatz. Zusammen mit einer eventuellen Fehlermeldung ergibt dies wiederum 4 CFP. Führen wir die Änderung an den Daten durch und speisen sie wieder in das System ein, ergibt sich zunächst 1 *Entry*. Das System muss die Daten natürlich persistieren (1 *Write*) und dann Erfolg oder Misserfolg der Operation quittieren (1 *Exit*), so dass für diesen Update-Prozess 3 CFP und für die genannten drei Prozesse insgesamt 11 CFP anfallen.

Eine weitere Stärke der COSMIC-FFP-Methode ist ihre konsistente Messung von Änderungen an einer Software. Auch hier gibt es klare und nachvollziehbare Regeln, nämlich dass jede hinzuzufügende Datenbewegung nach obigen Regeln zu zählen ist, ebenso jede zu modifizierende und jede zu löschende Datenbewegung. Um ein

Beispiel aus dem COSMIC-Manual zu bemühen: Nehmen wir an, dass ein Change an einer Software neue Funktionalität im Umfang von 6 CFP verlangt, an einer Stelle eine Datenbewegung hinzukommt, drei Datenbewegungen geändert und zwei gelöscht werden müssen, so ergibt das insgesamt 12 CFP.

Nach ersten Erfahrungswerten in der Literatur können in modernen Programmiersprachen rund 4 CFP (bei einer Standardabweichung von etwa 3,5 CFP) pro Personenmonat implementiert werden. Dies deckt sich auch ungefähr mit den in der folgenden Tabelle gelisteten Multiplikationsfaktoren für einzelne Entwicklungsaktivitäten, die in anderen Quellen genannt werden:

Aufwand	Faktor
Spezifikation	54,0
Implementierung	12,3
Testen	5,2

Die jeweiligen Aufwände in Personenstunden berechnen sich entsprechend durch eine Multiplikation des in der Tabelle genannten Faktors mit der geschätzten Größe in CFP. Auf Basis dieser Zahlen kann mit einem Aufwand von einem Personenmonat etwa Software einer Größe von 2,3 CFP entwickelt werden.

Algorithmische Aufwandsschätzverfahren

Bereits seit den 1970er Jahren gibt es eine Reihe von sogenannten **algorithmischen Schätzverfahren**, die nach Durchlaufen einer Reihe von Schritten zur Ermittlung verschiedener Projektparameter, den Aufwand für ein Softwareprojekt mit Hilfe einer mathematischen Formel errechnen. Sie werden daher manchmal auch **parametrische Schätzmodelle** genannt. Die grundlegenden Formelelemente sind für die meisten bekannten Modelle identisch und haben sich seit damals praktisch nicht verändert. Der für ein Projekt benötigte **Entwicklungsaufwand** in Personenmonaten wird üblicherweise wie folgt berechnet:

$$Aufwand = A \cdot Größe^B \cdot C$$

A ist dabei eine modell- bzw. projektabhängige Konstante, *B* reflektiert das sich potenzierende Aufwandswachstum in großen Projekten und *C* wird verwendet, um projektspezifische Kostenfaktoren (oft auch Kostentreiber genannt) abzubilden, wie z. B. die Qualifikation der Projektmitarbeiter, die Vertrautheit mit einer Domäne oder Technologie und andere ähnliche Einflüsse. Während *A* und *B* üblicherweise auf Basis empirischer Untersuchungen und Regressionsanalysen für die jeweiligen Modelle festgelegt wurden und damit vorgegeben sind (bzw. langfristig auch mit eigenen Zahlen kalibriert werden können), müssen die Werte für die *Größe* und die Kostentreiber *C* für jedes Projekt neu ermittelt werden. Die Ermittlung der zu erwartenden Systemgröße ist der zentrale und sicherlich schwierigste Teil aller algorithmischen Kostenmodelle und wird üblicherweise mit einer der zuvor eingeführten Techniken zur (funktionalen) Größenmessung durchgeführt. Dass dabei für qualitativ hochwertige Schätzungen ein entsprechendes Verständnis der Systemanforderungen gegeben sein muss, dessen Erarbeitung einen entsprechenden Aufwand mit sich bringt, versteht sich von selbst.

Eine weitere Gemeinsamkeit vieler Schätzmodelle ist, dass sie nicht nur eine Formel zur Aufwandsabschätzung zur Verfügung stellen, sondern darauf aufbauend ebenso die Möglichkeit bieten, die zu erwartende (optimale) **Entwicklungsdauer** in Monaten zu berechnen. Analog zur vorherigen Formel lautet diese:

$$Dauer = D \cdot Aufwand^{E}$$

D und E sind wiederum von den Modellen festgelegte Konstanten, während der *Aufwand* das Ergebnis der vorherigen Berechnung ist. Bezüglich der Werte für D und E unterscheiden sich die meisten Modelle übrigens recht wenig, so dass es sich als brauchbare Daumenregel erwiesen hat, aus dem Aufwand die dritte Wurzel zu ziehen (d. h. $E = 1/3$) und das Ergebnis mit drei zu multiplizieren (also $D = 3$). Wie wir im Folgenden gleich sehen werden, liegt z. B. auch das bekannte COCOMO-Verfahren sehr nahe an diesen Werten.

Zuvor seien noch zwei weitere Abschätzungen eingeführt, die sich mit einfacher Arithmetik aus den gerade genannten Ergebnissen herleiten lassen, nämlich zum einen die Anzahl der für das Projekt benötigten Mitarbeiter und zum anderen deren Produktivität. Erstere berechnet sich mit Hilfe des folgenden Zusammenhangs:

$$Mitarbeiterzahl = Aufwand / Entwicklungsdauer$$

So einfach diese Berechnung ist, so wichtig sind die folgenden beiden Anmerkungen dazu: Erstens bezeichnet diese Angabe die durchschnittliche Mitarbeiterzahl über die gesamte Projektdauer hinweg und zweitens steht sie für Vollzeitkräfte, im Englischen gerne mit „Full-time Software Personnel" (FSP) bezeichnet. Es ist gemeinhin aber wenig sinnvoll, Projekte (mit mehr als einer Hand voll Mitarbeiter) von Anfang bis Ende mit einer konstanten Mitarbeiterzahl auszustatten (zu „staffen"). Viel hilfreicher ist es, diese den Erfordernissen der jeweiligen Projektphasen anzupassen. Auch dafür existieren Berechnungsverfahren mit denen wir uns ab Seite 90 noch genauer beschäftigen werden.

Mit Hilfe des gerade berechneten Durchschnittswerts und der initial geschätzten Systemgröße lässt sich auch leicht die benötigte durchschnittliche **Produktivität** pro Personenmonat (ähnlich der aus Scrum bekannten Entwicklungsgeschwindigkeit) herleiten, die zumindest in iterativ angelegten Projekten auch sehr gut zum Monitoring der laufenden Entwicklung genutzt werden kann:

$$Produktivität = Größe \: / \: Aufwand$$

Um mit den genannten Formeln noch vertrauter zu werden, wenden wir sie mit Hilfe eines einfachen Modells [Stutzke 05] auf zwei hypothetische Systeme an. Das Modell setzt A mit 2,94 und B mit 1,1 an, ignoriert der Einfachheit halber die Kostentreiber C und erwartet die geschätzte *Größe* in tausend Codezeilen (KLOC). D und E sollen für dieses Beispiel mit 3,67 bzw. mit 0,32 angenommen werden. Daraus ergeben sich dann die in der folgenden Tabelle genannten (teilweise gerundeten) Werte:

	System 1	System 2	Faktor
Größe	25 KLOC	250 KLOC	10,0
Aufwand	101 PM	1277 PM	12,6
Entwicklungsdauer	16 Monate	36 Monate	2,3
Mitarbeiter	6 Mitarbeiter	35 Mitarbeiter	5,8
Produktivität	250 LOC/PM	200 LOC/PM	0,8

Bereits dieses einfache Beispiel zeigt übrigens sehr deutlich, wie eine wachsende Komplexität die durchschnittliche Produktivität eines Mitarbeiters bei der Entwicklung eines größeren Systems merklich reduziert. Weiterhin legt es einen sehr guten Grundstein für das Verständnis der im Folgenden erklärten COCOMO-Ansätze nach Boehm.

COCOMO

Die Ur-Version des **COnstructive COst MOdel** wurde ab Ende der 1970er Jahre an der University of Southern California maßgeblich von Barry Boehm entwickelt und wird heute als **COCOMO 81** [Boehm 81] bezeichnet. COCOMO ist weltweit eines der bekanntesten Kostenmodelle in der Softwareentwicklung, was sicherlich nicht zuletzt mit seiner stetigen Weiterentwicklung und der Bekanntheit seines Entwicklers auch in anderen Bereichen des Software Engineering (z. B. Risikoanalyse mit dem Spiralmodell) zu tun hat. Im Jahr 2000 wurde mit COCOMO II [Boehm 00] eine stark überarbeitete Version veröffentlicht, die zahlreiche Anpassungen an neue Entwicklungen aus 20 Jahren Softwareforschung aufweist.

Basic COCOMO

Betrachten wir zunächst die Ursprungsversion genauer. Aufbauend auf Regressionsanalysen von 63 Softwareprojekten, die weitgehend mit Hilfe des Wasserfallmodells [Bunse & v. Knethen 08] durchgeführt wurden, erkannten Boehm und sein Team über verschiedene Domänen und Programmiersprachen hinweg drei verschiedene Gruppen von Projekten, die sich durch deutlich unterscheidbare Produktivitätsstufen auszeichneten. Dementsprechend enthält die einfachste Variante von COCOMO 81 (**Basic COCOMO**) drei verschiedene Entwicklungsmodi, deren jeweilige Aufwände bzw. Entwicklungsdauern sich wie folgt berechnen:

Modus	Aufwand	Entwicklungsdauer	Max. Größe
Organic	$PM = 2{,}4 \cdot (KDSI)^{1,05}$	$t_{dev} = 2{,}5 \cdot (PM)^{0,38}$	<50 *KDSI*
Semidetached	$PM = 3{,}0 \cdot (KDSI)^{1,12}$	$t_{dev} = 2{,}5 \cdot (PM)^{0,35}$	<300 *KDSI*
Embedded	$PM = 3{,}6 \cdot (KDSI)^{1,20}$	$t_{dev} = 2{,}5 \cdot (PM)^{0,32}$	alle Größen

Die gezeigten Formeln entsprechen der zuvor genannten generischen Form, wobei der Aufwand in Personenmonaten und die Entwicklungsdauer t_{dev} in Monaten berechnet werden. *KDSI* steht für Kilo Delivered Source Instructions, ist also ein eng mit Lines of Code verwandtes Maß für die Anzahl der benötigten Anweisungen in einer Applikation. In COCOMO 81 zählen dafür alle Codezeilen, die sich in der ausgelieferten Software wiederfinden, inkl. Datendeklarationen, Präprozessorcode u. ä. Nicht mitgezählt werden insbesondere Kommentare und ohne Veränderung eingebundene Bibliotheken. Eine Instruction entspricht einer physischen Anweisung, Datendeklarationen (Structs oder Records), die sich über mehrere Zeilen erstrecken, sind mit der entsprechenden Anzahl von Zeilen zu zählen.

Der **organic Mode** ist gut anwendbar auf überschaubare Projekte, die von einem eingespielten Team entwickelt werden, das sowohl mit der Domäne als auch mit der beauftragenden Organisation gut vertraut ist. Meistens handelt es sich dabei um Systeme, die ohne Rücksichtnahme auf eine bestehende Systemumgebung „auf der grünen Wiese" entwickelt werden können. Durch diese Gegebenheiten hält sich der für die Entwicklung notwendige Kommunikationsaufwand in Grenzen, so dass die negativen Skaleneffekte noch in einem überschaubaren Rahmen bleiben (Exponent=1,05). Der **semidetached Mode** (zu deutsch etwa „halb losgelöst" oder auch „mittelschwer") wird von Boehm als eine Mischung zwischen organic und embedded beschrieben, die typischerweise von einem Projektteam bearbeitet wird, in dem von sehr erfahrenen bis unerfahrenen Mitarbeitern alle Qualifikationen vertreten sind. Der Begriff semidetached selbst bezieht sich vor allem auf die Systemumgebung, die zwar einige Schnittstellenvorgaben macht, die aber bei Weitem nicht so umfassend ausfallen wie bei embedded Projekten. Entsprechend findet der **embedded Mode** nicht etwa ausschließlich Anwendung bei eingebetteten Systemen, sondern bezeichnet die Einbettung des zu erstellenden Systems in eine hochkomplexe Systemumgebung, die sich durch eine Vielzahl unterschiedlicher Hardware, Software, Prozessabläufe und Regularien auszeichnet. Üblicherweise sind die Verflechtungen der Umgebung bei einem solchen Projekt so hoch, dass es nicht in Betracht kommt, Änderungen an der Umgebung vorzunehmen, die evtl. die Implementierung des neuen Systems erleichtern könnten.

In der Literatur wird bei den meisten Betrachtungen von COCOMO 81 die selbstkritische Bewertung des Basic-Modells durch Boehm übrigens nicht weiter erwähnt. Es ist aber sicher gerechtfertigt darauf hinzuweisen, dass die tatsächlichen Ergebnisse der genannten 63 Projekte nur in etwa 29 % aller Fälle innerhalb von 30 % um die COCOMO-Vorhersagen lagen bzw. nur in etwa 60 % der Fälle um weniger als einen Faktor 2 abwichen. Deshalb empfiehlt Boehm den Einsatz dieses Modells nur sehr früh im Software-Lebenszyklus und unter Beachtung einer entsprechend großen Schätzunsicherheit (vgl. Cone of Uncertainty auf Seite 7).

Intermediate COCOMO

Um bessere Aufwandsabschätzungen erstellen zu können, entwickelte Boehms Team eine fortgeschrittene Variante von COCOMO 81 namens **Intermediate COCOMO**, die ähnlich zur Function-Point-Analyse das Nachstellen an den Schätzungen mit Hilfe von 15 Kostentreibern (also das C in der allgemeinen Aufwandsformel) vorsieht. Die Einführung dieser Kostentreiber macht eine Anpassung der Koeffizienten A in den Formeln für organic und embedded gemäß folgender Tabelle notwendig:

Modus	Aufwand
Organic	$PM = 3{,}2 \cdot (KDSI)^{1{,}05} \cdot C$
Semidetached	$PM = 3{,}0 \cdot (KDSI)^{1{,}12} \cdot C$
Embedded	$PM = 2{,}8 \cdot (KDSI)^{1{,}20} \cdot C$

Die Exponenten und auch die Formeln zur Berechnung der Projekt-dauer bleiben unverändert.

Die 15 **Kostentreiber** verteilen sich auf die vier Bereiche Produkt, Hardwareplattform, Personal und Projektvorgaben. Alle Faktoren wer-den auf einer sogenannten Likert-Skala mit den Werten „very low", „low", „nominal", „high", „very high" und „extra high" bewertet und mit Hilfe folgender Tabelle in entsprechende Zahlenwerte (zwischen 0,7 und 1,66) umgerechnet:

Kostentreiber EM_i	sehr klein	klein	nominal	groß	sehr groß	extra groß
RELY: benötigte Zuverlässigkeit	0,75	0,88	1,00	1,15	1,40	-
DATA: Datenbankgröße	-	0,94	1,00	1,08	1,16	-
CPLX: Produktkomplexität	0,70	0,85	1,00	1,15	1,30	1,65
TIME: Beschränkung der Ausführungszeit	-	-	1,00	1,11	1,30	1,66
STOR: Hauptspeicherbedarf	-	-	1,00	1,06	1,21	1,56
VIRT: Volatilität d. Plattform	-	0,87	1,00	1,15	1,30	-
TURN: Turnaround-Zeit	-	0,87	1,00	1,07	1,15	-
ACAP: Fähigkeiten der Analysten	1,46	1,19	1,00	0,86	0,71	-
AEXP: Erfahrung in der Domäne	1,29	1,13	1,00	0,91	0,82	-
PCAP: Fähigkeiten der Programmierer	1,42	1,17	1,00	0,86	0,70	-
VEXP: Erfahrung mit der Plattform	1,21	1,10	1,00	0,90	-	-
PEXP: Erfahrung mit der Programmiersprache	1,14	1,07	1,00	0,95	-	-
MODP: Nutzung moderner Programmierpraktiken	1,24	1,10	1,00	0,91	0,82	-
TOOL: Nutzung von CASE-Tools	1,24	1,10	1,00	0,91	0,83	-
SCED: benötigter Zeitplan	1,23	1,08	1,00	1,04	1,10	-

Im Anschluss werden die ausgewählten Werte wie folgt miteinander multipliziert:

$$C = \prod_{i=1}^{15} EM_i$$

Der so ermittelte Faktor kann, wie in der Formel eingangs des Abschnitts gezeigt, mit der bisherigen Aufwandsschätzung multipliziert werden und führt zu deutlich verbesserten Vorhersagen: Intermediate COCOMO erreicht nun auf den COCOMO-Testdaten in ca. 68 % der Fälle einen Bereich von 20 % um den tatsächlichen Wert, liefert also für die Praxis recht brauchbare Werte.

Es existiert übrigens noch eine dritte Variante von COCOMO 81, das sogenannte **Detailed COCOMO**. Diese wurde in der Praxis allerdings nur selten angewendet, weil der erforderliche Aufwand kaum noch in einem angemessenen Verhältnis zu den erreichbaren Genauigkeitsverbesserungen steht. Es ist daher eher aus theoretischen Erwägungen heraus interessant, da es für alle in Intermediate COCOMO vorhandenen Kostentreiber die Auswirkungen auf verschiedene Entwicklungsaktivitäten angibt. Der interessierte Leser sei für mehr Details an Barry Boehms bekanntes Buch [Boehm 81] verwiesen.

COCOMO II

Das Team um Barry Boehm hat stetig daran gearbeitet, COCOMO weiter zu verbessern und vor allem flexibler im Hinblick auf neue Entwicklungstechniken und sich dadurch verändernde Projektrahmenbedingungen zu machen. Dies ist mit der neuen Variante, die gemeinhin COCOMO II [Boehm 00] genannt wird, auch gelungen, wenngleich die gesteigerte Flexibilität sicherlich mit einer erhöhten Komplexität in der Anwendung erkauft wird. Auch COCOMO II ist in drei Untermodelle eingeteilt, nämlich in ein sogenanntes Application-Composition-Modell, ein Early-Design-Modell und ein Post-Architecture-Modell. Vor allem die beiden letztgenannten sind sehr viel konsequenter dem jeweiligen Einsatzzeitpunkt im Projektverlauf angepasst, als das bei COCOMO 81 der Fall war.

Ziel des **Application-Composition**-Modells ist es, den Aufwand von Projekten, in denen große Teile des Systems durch Wiederverwendung bzw. über (modellgetriebene) Generierung von Code nicht manuell entwickelt werden müssen, sehr früh abschätzbar zu machen. Es sieht zu diesem Zweck die folgende Formel vor:

$$Aufwand = \frac{Größe \cdot (1 - Wiederverwendungsanteil)}{Produktivität}$$

Das Modell liefert den Aufwand in Personenmonaten, wenn die Größe in sogenannte Application Points (diese sind weitgehend identisch mit den bereits auf Seite 55 vorgestellten Object Points, wurden aber in COCOMO II umbenannt, um Verwechslungen mit anderen Ansätzen zu vermeiden) eingesetzt wird. Der prozentuale Anteil an wiederverwendbarem bzw. generiertem Code ist als Eingangsparameter zu schätzen. Die zu erwartende Produktivität in Application Points pro Personenmonat kann aus der folgenden Tabelle abgelesen werden:

Erfahrung und Fähig-keiten d. Entwickler	sehr gering	gering	nominal	hoch	sehr hoch
Reife und Möglichkei-ten d. CASE-Tools	sehr gering	gering	nominal	hoch	sehr hoch
Produktivität	4	7	13	25	50

Es sind also zunächst die Fähigkeiten der für das Projekt eingeplanten Entwickler und die Möglichkeiten des verwendeten CASE-Tools auf der gezeigten Nominalskala einzuschätzen. Sollten die beiden Werte voneinander abweichen, also beispielsweise die Entwickler gering erfahren und das verwendete CASE-Tool gut ausgereift sein, ist aus der Tabelle eine mittlere Produktivität von 13 Application Points pro Personenmonat zu entnehmen. Ergibt sich die Notwendigkeit zum Runden, so erfolgt dies in COCOMO stets in Richtung des nominalen Aufwands. Bei einer Wiederverwendungsquote von ungefähr 25 % errechnet sich etwa folgender Gesamtaufwand für das auf Seite 56 als Beispiel betrachtete Entwicklungsprojekt mit einem Umfang von 320 Application Points:

$$Aufwand = \frac{320\,AP \cdot 0,75}{13\frac{AP}{PM}} \approx 18,5\,PM$$

Wenden wir uns nun den anderen beiden COCOMO-II-Modellen (also **Early-Design** und **Post-Architecture**) zu, werden wir sehen, dass die Mühen, das COCOMO-81-Vorhersagemodell zu verstehen, gleich doppelt nützlich waren, denn die auch hier gültige grundlegende Formel lautet nach wie vor:

$$Aufwand = A \cdot Größe^E \cdot C$$

Einige geringfügige Änderungen haben sich für die Anwendung der Formel dennoch ergeben: so wird als Einheit der Systemgröße nun nicht mehr KDSI sondern KSLOC genutzt. Als sogenannte **Source Lines of Code** (SLOC) zählen aber weiterhin alle Anweisungen, die eine Aktion im Code auslösen, sowie Zuweisungen und auch Compiler-Direktiven. Als Alternative zu einer Größenschätzung in KLSOC sieht COCOMO II im Early-Design- und im Post-Architecture-Modell auch den Einsatz von Function Points zur Ermittlung der Systemgröße vor. Es wird empfohlen, die Unadjusted Function Points nach IFPUG-Regeln wie zuvor beschrieben zu ermitteln und diese anhand entsprechender Tabellen (s. hintere Umschlagseite) in KSLOC umzurechnen. Prinzipiell funktioniert dieses Vorgehen auch mit anderen Platzhaltern wie beispielsweise Use Case oder Application Points, vorausgesetzt, es sind entsprechende Erfahrungswerte zur Umrechnung in SLOC für die jeweilige Programmiersprache verfügbar.

Ferner existiert in COCOMO II keine generelle Unterscheidung zwischen organic, semidetached und embedded Projekten mehr, so dass basierend auf der Default-Kalibrierung $A=2,94$ gilt. Das Dr. Dobb's Journal [WWW] hat aus der Literatur folgende Tabelle für verschiedene Projektarten zusammen getragen:

Projektart	A
Default	2,94
Eingebette Systeme	2,58
E-Commerce	3,60
Web-Entwicklung	3,30
Militärisch	2,77

Die eigentliche Projektkomplexität wird in obiger Formel nun alleine durch den Exponenten E reflektiert. Dieser besteht nicht mehr aus einer einzelnen fixen Konstante, sondern berechnet sich projektabhängig aus fünf sogenannten **Größenfaktoren**, die in folgender Tabelle zusammengefasst sind:

Größenfaktor SF_i	sehr klein	klein	nominal	hoch	sehr hoch	extra hoch
PREC: Erfahrung m. ähnl. Projekten; SF_1	nicht bekannt 6,20	weitgeh. unbek. 4,96	etwas vertraut 3,72	grunds. vertraut 2,48	weitgeh. vertraut 1,24	sehr vertraut 0,00
FLEX: Flexibilität; SF_2	starr 5,07	minimal lockerer 4,05	etwas lockerer 3,04	grunds. Vorgab. 2,03	wenige Vorgab. 1,01	gener. Ziele 0,00
RESL: Architektur/ Risikobehandlung; SF_3	wenig (20 %) 7,07	etwas (40 %) 5,65	oft (60 %) 4,24	generell (75 %) 2,83	meistens (90 %) 1,41	vollst. (100 %) 0,00
TEAM: Teamzusammenhalt; SF_4	s. schw. Interakt. 5,48	schw. Interakt. 4,38	kooper. Interakt. 3,29	gute Interakt. 2,19	sehr gt. Interakt. 1,10	ausgez. Interakt. 0,00
PMAT: Prozessreife; SF_5	Level 1 7,80	Level 1 6,24	Level 2 4,68	Level 3 3,12	Level 4 1,56	Level 5 0,00

Die beiden ersten Faktoren zusammen haben in etwa die gleiche Aussage wie die Entwicklungsmodi in COCOMO 81, PREC steht dabei für Precedentedness, bewertet also, ob bereits Erfahrungen mit ähnlichen Projekten vorhanden sind, während FLEX die Flexibilität hinsichtlich der Anforderungen und der Systemumgebung abschätzt. RESL steht für Architecture und Risk Resolution und bezieht sich auf die erwartete Stabilität der Architektur und das geplante Risikomanagement. Wie bereits das Kürzel TEAM vermuten lässt, wird mit Hilfe dieses Faktors die Interaktion und die Erfahrung des Entwicklungsteams beschrieben. PMAT steht für die Reife des Entwicklungsprozesses, wobei hier der Einfachheit halber auf die Reifegrade des Capability Maturity Model (CMM) des Software Engineering Institute zurückgegriffen wurde. Das Level 1, das zwei Mal in der Tabelle auftaucht, wird dabei mittig geteilt, so dass die untere Hälfte mit sehr gering und die obere Hälfte mit gering bewertet wird. Boehm [Boehm 00] nennt pro Größenfaktor noch zahlreiche Richtlinien für eine zuverlässige Einschätzung, die an dieser Stelle allerdings den Rahmen sprengen würden.

Sind alle Größenfaktoren abgeschätzt, lässt sich mit Hilfe der folgenden Formel der Exponent E (auch als Aufwandsskalierungsfaktor bezeichnet) für die Aufwandsberechnung bestimmen:

$$E = B + 0,01 \cdot \sum_{i=1}^{5} SF_j$$

Boehm gibt B für COCOMO II mit 0,91 an, womit sich E zwischen minimal 0,91 (bewirkt geringfügige positive Skaleneffekte) und maximal 1,226 (bewirkt deutlich negative Skaleneffekte) bewegen kann. Dieser Unterschied wirkt sich beispielsweise bei einem 100 KSLOC-Projekt mit etwa dem vierfachen Aufwand (194 zu 832 Personenmonate) aus.

Bis zu diesem Punkt sind das Early-Design- und das Post-Architecture-Modell noch völlig identisch. Grundsätzlich verfolgen beide auch bei der Bestimmung des Kostentreiberfaktors C den gleichen Ansatz wie COCOMO 81, d. h. sie multiplizieren alle Kostenfaktoren gemäß folgender Formel miteinander:

$$C = \prod_{i=1}^{n} EM_i$$

Im Detail unterscheiden sie sich dann aber doch ein wenig von ihrem Vorfahren und auch untereinander. Das Post-Architecture-Modell kennt nämlich insgesamt 16 Kostentreiber (im Original Effort Multipliers oder kurz EM genannt), gegenüber 15 in COCOMO 81, die das Early-Design-Modell wiederum zu den in der folgenden Tabelle gezeigten 7 Stück verschmilzt:

Kostentreiber Early Design	Name	Kombinierte Kostentreiber Post Architecture
RCPX	Zuverlässigkeit und Komplexität des Produkts	RELY, DATA, CPLX, DOCU
RUSE	geforderte Wiederverwendbarkeit	RUSE
PDIF	Komplexität der Plattform	TIME, STOR, PVOL
PERS	Personalqualität	ACAP, PCAP, PCON
PREX	Erfahrung des Personals	APEX, PLEX, LTEX
FCIL	Projektumfeld	TOOL, SITE
SCED	verlangter Zeitplan	SCED

Durch diese Vereinfachung wird erneut der Tatsache Rechnung getragen, dass es sehr früh in einem Projekt nicht möglich ist, exakte Aussagen über alle Projektparameter zu erhalten und daher auch eine geringere Anzahl von Kostentreibern ausreichend ist. Wenden wir uns also zunächst im Detail den Kostentreibern des Early-Design-Modells und ihrer Bewertungstabelle zu, sie können von extra klein über nominal bis hin zu extra groß eingeschätzt werden:

EM_i	extra klein	sehr klein	klein	nominal	groß	sehr groß	extra groß
RCPX	0,49	0,60	0,83	1,00	1,33	1,91	2,72
RUSE	-	-	0,95	1,00	1,07	1,15	1,24
PDIF	-	-	1,00	1,00	1,00	-	-
PERS	2,12	1,62	1,26	1,00	0,83	0,63	0,50
PREX	1,59	1,33	1,12	1,00	0,87	0,74	0,62
FCIL	1,43	1,30	1,10	1,00	0,87	0,73	0,62
SCED	-	1,43	1,14	1,00	1,00	1,00	-

Die Kostentreiber des Post-Architecture-Modells verwenden die gleiche Einteilung und können der folgenden Tabelle entnommen werden:

EM_i	sehr klein	klein	nominal	groß	sehr groß	extra groß
RELY: benötigte Zuverlässigkeit	0,82	0,92	1,00	1,10	1,26	-
DATA: Datenbankgröße	-	0,90	1,00	1,14	1,28	-
CPLX: Produktkomplexität	0,73	0,87	1,00	1,17	1,34	1,74
RUSE: Entw. zur Wiederverwendung	-	0,95	1,00	1,07	1,15	1,24
DOCU: Dokumentationsaufwand	0,81	0,91	1,00	1,11	1,23	-
TIME: Beschr. d. Ausführungszeit	-	-	1,00	1,11	1,29	1,63
STOR: Hauptspeicherbeschränkung	-	-	1,00	1,05	1,17	1,46
PVOL: Plattform-Veränderlichkeit	-	0,87	1,00	1,15	1,30	-
ACAP: Fähigkeiten d. Analysten	1,42	1,19	1,00	0,85	0,71	-
PCAP: Fähigkeiten d. Programmierer	1,34	1,15	1,00	0,88	0,76	-
PCON: Personal-kontinuität	1,29	1,12	1,00	0,90	0,81	-
APEX: Erfahrung in der Domäne	1,22	1,10	1,00	0,88	0,81	-

EM_i	sehr klein	klein	nominal	groß	sehr groß	extra groß
PLEX: Erfahrung m. d. Plattform	1,19	1,09	1,00	0,91	0,85	-
LTEX: Erfahrung i. d. Programmierspr.	1,20	1,09	1,00	0,91	0,84	-
TOOL: Nutzung von CASE-Tools	1,17	1,09	1,00	0,90	0,78	-
SITE: Multisite-Entwicklung	1,22	1,09	1,00	0,93	0,86	0,80
SCED: benötigter Zeitplan	1,43	1,14	1,00	1,00	1,00	-

Neuere Untersuchungen von Boehms Gruppe an der University of Southern California haben gezeigt, dass sich durch eine Aufsplittung des TOOL-Faktors in drei getrennte Faktoren noch wesentlich bessere Vorhersageresultate erreichen lassen. Diese drei Faktoren befassen sich mit dem Grad der Werkzeugunterstützung im Projekt (*TCOV*), dem Grad der Integration verschiedener Werkzeuge (*TINT*) sowie mit der Ausgereiftheit des Werkzeugs und der Qualität des Benutzersupports (*TMAT*). Auch diese werden mit Hilfe obiger Skala bewertet und zur Berechnung von *TOOL* wie folgt gewichtet:

$$TOOL = 0,51 \cdot TCOV + 0,27 \cdot TINT + 0,22 \cdot TMAT$$

Nach heutigen Standards würde eine Umgebung mit einer IDE wie Eclipse (mit integrierter Versionskontrolle) und einem nicht dort integrierten, aber seit vielen Jahren etablierten CASE-Tool, mit Codegenerierungsmöglichkeiten und der Fähigkeit zu einfachem Reverse Engineering etwa mit groß für TCOV, gering bei TINT und bei einem ständig verfügbaren On-Site-Experten für die Tools mit sehr groß für den Faktor TMAT bewertet.

Wissenswerte Details

Nicht verschwiegen werden soll an dieser Stelle auch die Berechnung der Projektdauer in den Early-Design- und Post-Architecture-Modellen von COCOMO II, die mit Hilfe der folgenden Formel bewerkstelligt werden kann:

$$Entwicklungsdauer = C \cdot Aufwand_{OZ}^{D+0,2 \cdot (E-B)} \cdot Kompression$$

Die enthaltenen Konstanten sind dabei wie folgt belegt: $C=3{,}67$; $D=0{,}28$ und $B=0{,}91$. Der Exponent E wird von der zuvor durchgeführten Berechnung zur Aufwandsschätzung übernommen. $Aufwand_{OZ}$ bedeutet an dieser Stelle, dass bei der Ermittlung des Entwicklungsaufwands der Kostentreiber SCED zur Berücksichtigung des geforderten Zeitplans unbeachtet bleiben muss. Ausgehend vom mit Hilfe der Formel bestimmten nominalen Aufwand wird zu diesem Zweck der Faktor *Kompression* hinzumultipliziert. Es sei in diesem Zusammenhang nochmals auf die bereits auf S. 34 erwähnte „Todeszone" der nicht mehr machbaren Zeitplankompression auf unter 75 % hingewiesen.

Dividieren wir für jeden Kostentreiber den größten in den obigen Tabellen gezeigten durch den entsprechenden kleinsten Wert, erhalten wir ein Maß für ihren maximal möglichen Einfluss auf die Gesamtschätzung. Grafisch dargestellt ergibt sich das auf der folgenden Seite dargestellte Bild, das in ähnlicher Form die Cover von Boehms COCOMO-Büchern ziert.

In dieser Darstellung lässt sich sehr gut der hohe Einfluss der Personalqualität (ACAP und PCAP) auf den Projektaufwand erkennen (vgl. **Sackman's Law**), und es bietet sich natürlich an, diese Auflistung auch bei der Betrachtung von Projektrisiken als entsprechende Orientierung zu verwenden. Da Barry Boehm auch im Bereich der Risikoabschätzung (Stichwort Spiralmodell) gearbeitet hat, verwundert es nicht, dass COCOMO II eigens eine Erweiterung namens Expert COCOMO zur Risikobehandlung enthält. Boehm und seine Mitarbeiter diskutieren in ihrem Buch [Boehm 00] übrigens noch eine Reihe weiterer Verfeinerungen für ihr Modell: So existiert eine gesonderte Version zur Abschätzung der Aufwände in den einzelnen Entwicklungsphasen des Unified Process (COSEPMO), eine zur Schätzung des Integrationsaufwands von Off-the-Shelf-Komponenten (COCOTS) und diverse weitere, wie z. B. die Möglichkeit jeweils den Integrationsaufwand von generiertem und wiederverwendbarem Code abzuschätzen. Allen diesen Modellen ist jedoch in der Praxis eine recht geringe Bedeutung und eine verhältnismäßig hohe Komplexität gemeinsam, so dass an dieser Stelle für weitere Details auf das Buch von Boehm und Mitarbeitern verwiesen sei.

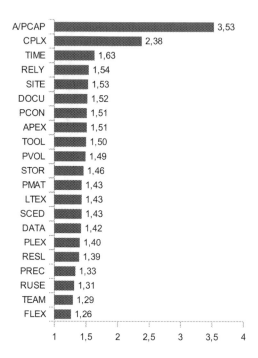

SLIM

Auch Laurence Putnam arbeitete wie Barry Boehm bereits in den 1970er Jahren an der Aufdeckung von Produktivitätszusammenhängen in Softwareprojekten und Möglichkeiten sie für Aufwandsschätzungen zu nutzen. Als Mitarbeiter des US-Militärs konnte er Aufwandsdaten von zahlreichen großen Softwareprojekten analysieren. Seine ersten Arbeiten ermittelten mit Hilfe der sogenannten Rayleigh-Verteilung eine gute Vorhersagemöglichkeit für die in Projekten benötigte Mitarbeiterzahl. Mit den daraus gewonnen Erkenntnissen und weiteren Projektdaten, unter anderem von IBM, gelangte Putnam schließlich zur Ur-Version seiner sogenannten **Software Equation** [Putnam & Myers 92], die sich heute in erweiterter Form in seinem

SLIM-Modell (für Software Lifecycle-Management) wiederfindet und mathematisch wie folgt beschrieben ist:

Größe = Aufwand · Entwicklungsdauer · Konstante

In Worten ausgedrückt ist also der umsetzbare Funktionsumfang eines Systems durch den möglichen Entwicklungsaufwand und den vorgegebenen Zeitplan festgelegt. In Putnams Regressionsanalysen stellte sich zudem heraus, dass eine (üblicherweise firmenabhängige) Konstante hinzumultipliziert werden musste, um optimale Vorhersagen zu erreichen: er nannte diese den Prozess-Produktivitätsparameter. Weiterhin erkannte Putnam, dass Aufwand und Zeitplan (wie das auch in den entsprechenden COCOMO-Formeln der Fall ist) jeweils mit etwa den in der folgenden Formel enthaltenen Exponenten in die Gleichung einfließen müssen:

Größe = (Aufwand / ß)$^{\frac{1}{3}}$ · Entwicklungsdauer$^{\frac{4}{3}}$ · Produktivitätsparameter

ß bezeichnet dabei einen größenabhängigen Parameter, der dem Aufwand in kleinen Systemen ein etwas größeres Gewicht verleiht. Putnam betont im Übrigen ausdrücklich, dass die beiden Exponenten nicht als Naturkonstanten, sondern eher als ausreichende Näherungen zu betrachten sind. Auch mit Hilfe dieser Formel lassen sich die in der Softwareentwicklung üblichen negativen Skaleneffekte gut nachvollziehen.

Putnam stellte bei seinen Beobachtungen von Softwareprojekten allerdings fest, dass diese auch von der Software Equation abgebildeten Gesetzmäßigkeiten für sehr kleine Projekte nicht mehr gelten, da in diesen die individuelle Entwicklerleistung eine zu große Rolle spielt. Er gibt daher die vier folgenden Bedingungen an, von denen mindestens zwei für einen sinnvollen Einsatz seiner Formel erfüllt sein sollten:

1. Es müssen mindestens 5.000 LOC entwickelt werden
2. Die Entwicklungsdauer ist mindestens 6 Monate
3. Der Gesamtaufwand beträgt mindestens 18 bis 20 Personenmonate
4. Zu Spitzenzeiten werden mindestens 3 Entwickler im Projekt beschäftigt

Um die Software Equation zur Aufwandabschätzung verwenden zu können, müssen wir obige Formel umstellen und erhalten entsprechend:

$$Aufwand = \left(\frac{Größe}{Produktivitätsparameter} \right) \cdot \frac{1}{Entwicklungsdauer} \cdot \beta$$

Diese Formel berechnet den Aufwand in Personenjahren, entsprechend wird auch die Entwicklungsdauer in Jahren angegeben. Die Größe fließt in SLOC in die Berechnung ein und wird entweder mit Hilfe der auf Seite 28 beschriebenen Drei-Punkt-Schätzung oder im weiteren Projektverlauf unter Verwendung von Function Points abgemessen und in SLOC umgerechnet. Der Faktor β kann zwischen 0,16 und 0,39 liegen und hängt wie in der folgenden Tabelle angegeben von der erwarteten Gesamtgröße des Projekts ab:

β	Projektgröße
0,16	5–15 KSLOC
0,18	20 KSLOC
0,28	30 KSLOC
0,34	40 KSLOC
0,37	50 KSLOC
0,39	>70 KSLOC

Die Prozessproduktivität sollte auf die jeweiligen Gegebenheiten einer Organisation kalibriert werden und kann theoretisch zwischen etwa 600 und 1,3 Millionen variieren. In der Praxis übliche Werte schwanken zwischen rund 2.000 (z. B. für kritische Avioniksoftware) und 28.000 für wenig kritische Anwendungen [Putnam & Myers 92]. Dieser Wert lässt sich sehr einfach mit der entsprechend aufgelösten Software Equation aus den Daten früherer Projekte herleiten, ein entsprechendes Beispiel ist ebenfalls in genanntem Buch zu finden. Nehmen wir beispielsweise für eine Geschäftsanwendung einen Produktivitätsparameter von 5.000 an, so würde sich diese mit einer mittleren Größe von etwa 50.000 Codezeilen und einer geplanten Entwicklungsdauer von zwei Jahren (wie sich mit SLIM unkompliziert ein sinnvoller Wert herleiten lässt, werden wir gleich noch besprechen) auf einen zu erwartenden Aufwand von gut 23 Personenjahren abschätzen lassen:

$$Aufwand = \left(\frac{50.000}{5.000}\right) \cdot \frac{1}{2^4} \cdot 0,37 = 23,125 \, PJ$$

Dieser Aufwand (von etwa 278 Personenmonaten) erscheint auf den ersten Blick und auch im Vergleich mit anderen Schätzmodellen zwar eher groß, aber dennoch als plausibel. Intermediate COCOMO 81 errechnet z. B. für ein gleich großes organic Projekt mit neutralen Kostentreibern einen Aufwand von rund 195 Personenmonaten, COCOMO II unter gleichen Bedingungen einen von etwa 215 Personenmonaten. Von zentraler Wichtigkeit in der Software Equation ist offensichtlich die Abbildung der Einflussfaktoren auf das Projekt, die im Produktivitätsfaktor abgebildet werden können. Wie dieser auf die eigene Umgebung kalibriert werden kann, erklärt Putnam wie gesagt in seinem Buch.

Putnam leitet aus der Software Equation weitere einfachere Formeln ab, mit deren Hilfe sich beispielsweise eine erste Abschätzung für die kürzest mögliche Entwicklungsdauer eines Projekts in Abhängigkeit von seiner Größe angeben lässt (vgl. die „Impossible Zone" auf Seite 33f). In Kalendermonaten berechnet sich diese wie folgt:

$$Entwicklungsdauer_{min} = 8,14 \cdot (Größe \, / \, Produktivitätsparameter)^{0,43}$$

Bzw. in Kalenderjahren:

$$Entwicklungsdauer_{min} = 0,68 \cdot (Größe \, / \, Produktivitätsparameter)^{0,43}$$

Für obiges Beispielsystem (für das wir 2 Jahre angenommen hatten) ergäbe sich nach dieser Formel eine minimale Entwicklungszeit von rund 22 Monaten. Aus einer Zeitangabe in Kalenderjahren lässt sich wiederum der maximal in diesem Zeitraum leistbare Entwicklungsaufwand in Personenjahren wie folgt berechnen:

$$Aufwand_{max} = 15 \cdot Entwicklungsdauer_{min}^3$$

Durch eine einfache Multiplikation mit zwölf kann ggf. die entsprechende Anzahl von Personenmonaten bestimmt werden. Interessant an dieser Formel ist vor allem die damit implizit vorgegebene obere Schranke, die beispielsweise besagt, dass im Verlauf von zwei Kalenderjahren maximal ein Entwicklungsaufwand von 120 Personenjahren sinnvoll koordiniert werden kann. Nützliche Hintergrundinformationen zu dieser Theorie folgen zusammengefasst mit weiteren Überlegungen zu einer systematischen Personalplanung ab Seite 90.

Aufwandsbasierte Projektplanung

Mit den bisher vorgestellten Modellen sind wir in der Lage, die funktionale Größe einer zu erstellenden Anwendung abzumessen und daraus den ungefähr zu erwartenden Entwicklungsaufwand abzuleiten. Entwicklungsaufwand beinhaltet üblicherweise natürlich mehr als Programmieren, nur welche Aktivitäten sind von Aufwandsschätzungen tatsächlich abgedeckt? Beginnen wir der Einfachheit halber zunächst mit jenen Aktivitäten, die nicht enthalten sind: Da praktisch alle Ansätze zumindest grobe Anforderungen (also ein Lastenheft) zur Ermittlung der Systemgröße voraussetzen, ist der Aufwand für deren Erstellung üblicherweise nicht enthalten. Gleiches gilt für sämtliche beim Auftraggeber notwendigen Abstimmungen für dieses Lastenheft, für Vor- und Machbarkeitsstudien bei Auftraggeber oder Auftragnehmer sowie für die Angebotserstellung auf Auftragnehmerseite. Nach erfolgreichem Abnahmetest anstehende Arbeiten, wie das Deployment in der Produktivumgebung, Datenmigration oder gar Wartung und Support des laufenden Systems sind von Aufwandsschätzungen ebenfalls nicht abgedeckt.

Ab der Erstellung der Entwickleranforderungen (also des Pflichtenhefts) werden die üblichen Entwicklungsarbeiten wie die Erstellung und Dokumentation einer Systemarchitektur bzw. des Systementwurfs (manchmal auch DV-Konzept genannt), sämtliche Implementierungs- und Testaktivitäten (Unit-, Komponenten-, System- und Abnahmetests) eingerechnet. Zusätzlich ist auch der für Projekt- und Konfigurationsmanagement sowie für Qualitätssicherung und Erstellung der Benutzerdokumentation notwendige Aufwand eingeplant, wenn er auch in älteren Modellen oft nicht explizit ausgewiesen ist.

Aufwandsverteilung

Wichtig aus Sicht des Projektmanagements ist natürlich nicht nur die Ermittlung des Gesamtaufwands für ein Projekt, sondern für ein effektives Projektcontrolling auch die zu erwartende Verteilung des Aufwands auf die verschiedenen Entwicklungsphasen oder besser noch auf die verschiedenen Entwicklungsaktivitäten. Die meisten (betag-

87

teren) Schätzmodelle gehen für Ersteres noch von einem sequentiellen Projektverlauf gemäß dem Wasserfallmodell aus, die einschlägige Literatur hält entsprechende, empirisch ermittelte Verteilungen für Aufwand und Zeitplan bereit. Konkret gibt beispielsweise Boehm für COCOMO 81 die folgende Verteilung für Projekte mit einer Größe von etwa 32 KDSI an:

Aktivität / Phase	Anteil am Aufwand	Anteil am Zeitplan
Planung und Anforderungen	6 %	12 %
Grobentwurf	16 %	19 %
Implementierung	62 %	55 %
Detailentwurf	*24 %*	*keine Unterteilung*
Programmierung und Unit Test	*38 %*	*angegeben*
Integration und Systemtest	22 %	26 %
Summe	*100 %*	*100 %*

Diese Verteilung ist also abhängig von der geschätzten Systemgröße: Bei größeren Projekten nimmt tendenziell der Anteil von Planungs-, Integrations- und Testaufwand am Zeitplan auf Kosten des Programmieraufwands geringfügig zu. Weitere Details finden sich bei Barry Boehm [Boehm 81] und [Boehm 00].

Sind Gesamtaufwand und Länge des Zeitplans ermittelt, kann mit Hilfe der Tabelle eine erste Verteilung der Aufwände auf die Entwicklungsphasen erfolgen. Betrachten wir ein Beispielprojekt aus Boehms Buch, für das bei etwa 32 KDSI ein Aufwand von 91 Personenmonaten und ein 14-monatiger Zeitplan errechnet wurde, so bedeutet das für Entwurf und Programmierung, dass dafür 62 % des Aufwands (etwa 56 Personenmonate) und 55 % des Zeitplans (knapp 8 Monate) vorgesehen werden sollten. In wasserfallartigen Projekten sind diese Zahlen natürlich von immenser Wichtigkeit, da sie ein deutlicher Indikator dafür sind, ob sich ein Projekt noch im Soll befindet oder bereits durch eine Verlängerung der Anforderungsphase Gefahr läuft, auch insgesamt zu spät abgeschlossen zu werden.

Eine etwas verfeinerte Zuordnung der Aufwände zu den Aktivitäten findet sich in Boehms neuerem Buch [Boehm 00]. Als Beispiel sei wiederum ein System mit etwa 32.000 Zeilen angenommen. Die folgende Tabelle zeigt die entsprechenden Verteilungen bei verschiedenen Aufwandskalierungsfaktoren:

Aktivität	Anteil am Aufwand		
	E = 1,05	E = 1,12	E = 1,20
Anforderungen	6 %	5 %	4 %
Grobentwurf	14 %	13 %	12 %
Implementierung (*inkl. Detailentwurf + Unit Test*)	46 %	44,5 %	43 %
Testplanung	4 %	4,5 %	5 %
Validation und Verifikation	12 %	13 %	14 %
Projektmanagement	7 %	7,5 %	8 %
Konfigurationsmanagement und Qualitätssicherung	5 %	6 %	7 %
Benutzerdokumentation	6 %	6,5 %	7 %
Summe	*100 %*	*100 %*	*100 %*

Bei größeren bzw. komplexeren Systemen wächst also tendenziell der Anteil von Projekt- und Konfigurationsmanagement sowie der Validations- und Verifikationsaufwand, während Anforderungen, Entwurf und Programmierung tendenziell weniger Aufwand beanspruchen. Es gibt allerdings warnende Stimmen (wie z. B. [Ebert 08]), die darauf hinweisen, dass eine Verdopplung des Aufwands, der in die Anforderungs- und Analysephasen investiert wird, das Potenzial haben kann, im weiteren Projektverlauf etwa 20 % der Gesamtkosten einzusparen.

In modernen (iterativen und inkrementellen) Vorgehensmodellen wie dem **Unified Process** (UP, vgl. auch [Bunse & v. Knethen 08]) folgen die oben gezeigten Entwicklungsphasen nicht mehr linear aufeinander, sondern werden, vereinfacht ausgedrückt, in jeder Iteration (mehr oder weniger intensiv) durchlaufen. An dieser Stelle sei an das berühmte Bild des UP mit der „hügeligen" Aufwandsverteilung über die Iterationen erinnert, das beispielsweise auch bei [Larman 05] zu finden ist. Auch wenn nach heutigem Wissensstand davon auszugehen ist, dass diese veränderte Anordnung der Entwicklungsaktivitäten keine allzu großen Verschiebungen des Aufwands zwischen den Aktivitäten auslöst, sind obige Werte leider nicht direkt auf die im UP vorgesehenen Phasen und deren Meilensteile übertragbar. Auch Boehm hat das im Rahmen seiner jüngeren Arbeiten zu COCOMO II erkannt und gibt daher dort die folgenden Aufwandsverteilungen für die bekannten UP-Phasen an:

Phase	Anteil am Aufwand	Anteil am Zeitplan
Inception	5 %	10 %
Elaboration	20 %	30 %
Construction	65 %	50 %
Transition	10 %	10 %
Summe	*100 %*	*100 %*

Heruntergebrochen auf die Entwicklungsdisziplinen des UP nennt Boehm die folgende prozentuale Verteilung über die Phasen, die zu den in der letzten Spalte genannten durchschnittlichen Verteilungen über ein gesamtes Projekt führt:

Disziplin	Incep.	Elab.	Constr.	Trans.	Durchschnitt Aufw./Zeit
Anforderungen	38 %	18 %	8 %	4 %	11 % / 14 %
Design	19 %	36 %	16 %	4 %	19 % / 21 %
Implementierung	8 %	13 %	34 %	19 %	27 % / 25 %
Assessment (Test)	8 %	10 %	24 %	24 %	20 % / 18 %
Deployment	3 %	3 %	3 %	30 %	6 % / 6 %
Projektmanagement	14 %	12 %	10 %	14 %	11 % / 11 %
Konf.-, Change- & Umgebungsmgmt.	10 %	8 %	5 %	5 %	6 % / 5 %
Summe	*100 %*	*100 %*	*100 %*	*100 %*	*100 % / 100 %*

Die weitere Vorgehensweise zur Verteilung des Aufwands auf die funktionalen Einheiten eines Systems liegt auf der Hand: Es bietet sich an, den Aufwand anteilig gemäß der geschätzten Größe in Function Points oder Lines of Code auf die jeweiligen Anforderungen zu verteilen und mit diesen Daten den Projektplan zu erstellen.

Viele Köche verderben den Brei?

Wie zu Beginn bereits erwähnt, besagt **Brooks's Law**, dass ein bereits verspätetes Projekt durch Hinzufügen von neuen Mitarbeitern nur noch stärker verzögert wird. Die Erklärung dafür liegt auf der

Hand: Die vorhandene Arbeit muss neu verteilt werden, die neuen Kollegen müssen eingearbeitet werden und halten bisher produktive Mitarbeiter von der Arbeit ab. Zusätzlich steigt der Kommunikationsaufwand im Projekt stark an. Mathematisch betrachtet hängt die Zahl der möglichen Kommunikationspfade p in einem Projekt übrigens quadratisch mit der Zahl der Mitarbeiter n zusammen:

$$p = \frac{n(n-1)}{2}$$

Aber wie ist das zu Beginn eines Entwicklungsprojekts: Gilt hier etwa „viel hilft viel"? Also lieber gleich mit einer großen Zahl von Analysten und Entwicklern in ein Projekt einsteigen, um später keine Verzögerungen durch das Anlernen neuer Mitarbeiter auftreten zu lassen?

Wer ein solches Vorgehen in der Praxis bereits einmal erlebt hat, wird diese Frage erschrocken mit „Nein!" beantworten. Gerade zu Beginn eines Projekts, wenn absolutes Neuland betreten wird, keine Standards und kein detailliertes Verständnis vorhanden sind, wächst der Abstimmungsbedarf entlang aller Kommunikationspfade und damit der Kommunikationsaufwand leicht ins Unermessliche. Die gängigen Modelle zur Personalplanung in Software-Entwicklungsprojekten legen denn auch nahe, dass eine gleichverteilte Anzahl von Mitarbeitern über die gesamte Projektlaufzeit nicht empfehlenswert ist. Die meisten Modelle orientieren sich an einer sogenannten **Rayleigh-Verteilung**, die von Norden bereits in den 1960er Jahren als eine passende Näherung für den Verlauf des Personalbedarfs in Forschungs- und Entwicklungsprojekten erkannt wurde. Diese lässt sich vor allem mit der Geschwindigkeit erklären, mit der ein Projekt von den ersten Mitarbeitern verstanden und in Teilprobleme zerlegt werden kann, die wiederum von weiteren Mitarbeitern bearbeitet und ggf. in neue Teilprobleme zerlegt werden können usw. (vgl. auch [Putnam & Myers 92]). In anderen Worten, es gibt für größere Projekte eine obere Grenze, wie schnell ihre **Mitarbeiterzahl** maximal wachsen kann, während gleichzeitig noch alle Mitarbeiter sinnvoll beschäftigt werden können. Diese wird in der Literatur mit einem ungefähren Wachstum von 30 % pro Jahr angegeben und begrenzt automatisch, wie im Zusammenhang mit SLIM (auf Seite 86) bereits beschrieben, den maximalen Arbeitsaufwand, der für ein Softwareprojekt in einem bestimmten Zeitraum erbracht werden kann.

Gängige Staffing-Modelle

Putnam, der in den 1970er Jahren eine große Anzahl von Software-projekten mit der Rayleigh-Verteilung verglich, wies ihre Gültigkeit auch in der Softwareentwicklung nach und schlug daher vor, Software-projekte entsprechend zu „staffen". Mathematisch errechnet sich eine entsprechende Verteilung mit folgender recht komplexer Formel, die auf der Exponentialfunktion beruht [Boehm 81]:

$$Mitarbeiterzahl = Aufwand \cdot \left(\frac{t}{t_{peak}^2} \right) \cdot e^{-\frac{t^2}{2t_{peak}^2}}$$

Sie berechnet die optimale Mitarbeiterzahl zu einem Zeitpunkt t (angegeben in Monaten) im Projektverlauf in Abhängigkeit vom gesamten Projektaufwand und dem Zeitpunkt der höchsten Mitarbeiterzahl im Projekt t_{peak}.

Je kleiner t_{peak} dabei ist, desto schneller muss offensichtlich der Personalaufbau im Projekt vonstattengehen. Ein zu schnelles Wachstum birgt das Risiko, dass entweder bisher produktive Mitarbeiter nur noch mit dem Anlernen ihrer neuen Kollegen beschäftigt sind, oder umgekehrt, die neuen Mitarbeiter ohne wirkliche Aufgabe zum „Däumchen drehen" verdammt werden. Putnam gibt daher die in der folgenden Tabelle gezeigten Bruchteile der Projektlaufzeit an, nach denen die maximale Mitarbeiterzahl erreicht werden kann:

Systemgröße [SLOC]	Bruchteil
5.000 bis 15.000	0,41
20.000	0,45
25.000	0,54
30.000	0,62
40.000	0,77
50.000	0,87
70.000	0,96
ab 100.000	1,00

t_{peak} für eine gegebene Projektgröße berechnet sich entsprechend über eine einfache Multiplikation des in der Tabelle angegebenen Bruchteils mit der geplanten Entwicklungsdauer.

Boehm [Boehm 81] erachtet die obige native Form der Rayleigh-Verteilung als unrealistisch, da in der Realität natürlich niemals ein Projekt mit keinem Mitarbeiter beginnen wird. Er schlägt daher vor, nur einen Ausschnitt aus dem inneren Bereich der Verteilung zu verwenden, was mathematisch unter Verwendung der Entwicklungsdauer (hier aus Platzgründen mit t_{dev} abgekürzt) wie folgt beschrieben wird:

$$Mitarbeiterzahl = Aufwand \cdot \left(\frac{0,15 t_{dev} + 0,7t}{0,25 t_{dev}^2} \right) \cdot e^{-\frac{(0,15 t_{dev} + 0,7t)^2}{0,5 t_{dev}^2}}$$

Die folgende Abbildung nach [Stutzke 05] stellt die entsprechenden kontinuierlichen Kurven im Vergleich zu einer auf das Wasserfallmodell ausgerichteten diskreten Zuordnung der Mitarbeiter zu den Entwicklungsphasen dar:

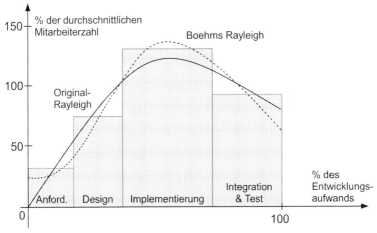

Ähnlich wie Putnam weißt übrigens auch Boehm im Zusammenhang mit COCOMO II darauf hin, dass sein Modell zur Aufwandsberechnung zwar bis hinab zu 2.000 LOC gut kalibriert sei, aber die Modelle zur Herleitung von Entwicklungsdauer und Entwickleranzahl unterhalb von etwa 16 Personenmonaten keine aussagekräftigen Vorhersagen mehr lieferten. So wird zur Ableitung der Entwicklungsdauer in solchen Projekten empfohlen, die Wurzel aus dem Aufwand zu ziehen und dem Projekt das Ergebnis als Mitarbeiterzahl zuzuweisen. Im Fall von 16 Personenmonaten ergäben sich also 4 Entwickler für 4 Monate.

Es gibt noch einige weitere, aus praktischen Erfahrungen abgeleitete Empfehlungen zur Personalplanung in Softwareprojekten, die mit weniger Mathematik auskommen und die wir uns im Folgenden genauer anschauen wollen. Tom DeMarco leitet aus seinem umfangreichen Erfahrungsschatz eine Empfehlung ab, die ebenfalls für wasserfallartige Projekte Anwendung finden kann. Sie besagt, dass Aktivitäten in frühen Phasen des Entwicklungszyklus (also Anforderungserfassung und -analyse sowie Architektur und Design) nur sehr schwer bis überhaupt nicht zu parallelisieren sind und daher auch nur von einem kleinen Team bearbeitet werden sollten. Erst nachdem ein stabiles Systemdesign und ein erster Systemkern erstellt worden sind, können die weitere Implementierungsarbeit und das Testen effektiv verteilt und die Mitarbeiterzahl entsprechend erhöht werden. Sobald das Deployment des Systems und mögliche Datenkonvertierungen aus Altsystemen anstehen, empfiehlt DeMarco abermals ein kleines Kernteam vorzuziehen, da auch diese Arbeit nur schlecht auf viele Köpfe zu verteilen sei. Riskant erscheint bei diesem Vorgehen vor allem das sprunghafte Wachstum des Projektteams, das sowohl im Widerspruch mit den Erkenntnissen der Rayleigh-Verteilung als auch mit dem im Folgenden erklärten Vorgehen bei Scrum steht. Inwieweit ein solcher Ansatz „politisch" umsetzbar wäre, steht ebenfalls auf einem anderen Blatt: Welcher Projektmanager könnte sich in einem unter Druck und entsprechender Beobachtung stehenden Softwareprojekt schon die Aussage erlauben, dass bis etwa zur Hälfte der Projektlaufzeit mit einem aus wenigen Personen bestehenden Kernteam alles besser voranschreiten würde?

Scrum schlägt in diesem Zusammenhang vor, iterative Projekte stufenweise zu vergrößern bzw. zu verkleinern, d. h. die ersten Sprints werden zunächst von einem Kernteam durchgeführt, bis dieses Team die grundlegenden Anforderungen und Vorgehensweisen für das Projekt ausgearbeitet und neue Teilprobleme für weitere Teams identifiziert hat. Danach kann dieses Team in zwei Teams aufgeteilt werden, die beide jeweils mit einer entsprechenden Anzahl von neuen Mitarbeitern aufgefüllt werden. So ist einerseits eine effektive Weitergabe des zuvor gesammelten Wissens sichergestellt, andererseits sind bei diesem Schritt aber auch Produktivitätsverluste für einige Sprints einkalkuliert. Sobald sich diese neue Konstellation eingespielt hat und Aufgaben für ein weiteres Team erarbeitet wurden, können wiederum Mitarbeiter aus den bestehenden Teams den Kern eines weiteren Teams bilden usw. Manchmal finden sich in der Literatur auch Berichte über eine sprunghafte Vergrößerung von einem auf bis zu sieben Teams, die prinzipiell natürlich möglich, aber auch mit einem größeren Risiko verbunden ist.

Eine abschließende Bewertung der vorgestellten Alternativen verbietet sich übrigens alleine aus dem Grund, dass es ähnlich wie bei Vorgehensmodellen, keine universelle Patentlösung für alle Eventualitäten geben kann. Es sollte vielmehr der gesunde Menschenverstand zu Rate gezogen werden, um mit Hilfe der vorgestellten Staffing-Konzepte eine tragfähige Lösung für ein konkretes Projekt zu finden und umzusetzen. Wichtig dabei bleibt, die Planung regelmäßig zu hinterfragen und die in der Überschrift genannte Küchenweisheit im Hinterkopf zu behalten: Brooks's Law und die „Todeszone" warten nämlich schon auf neue, unbedarfte Opfer, die ein von vorneherein zu knappes oder nachträglich gekürztes Zeitbudget fahrlässigerweise durch zusätzliche Mitarbeiter auszugleichen versuchen.

Praxistipps für den Projektalltag

Im kompakten Rahmen dieses Buches können wir sicher nicht en détail das komplexe Thema Projektmanagement besprechen, zumal dafür ausreichend entsprechende Literatur (z. B. [Mangold 09]) verfügbar ist. Spätestens die Lektüre dieses Buches sollte aber jedem Leser die Augen geöffnet haben, dass der verantwortliche Projektmanager oft der Dreh- und Angelpunkt für den Umgang mit Aufwandsschätzungen in Softwareprojekten ist. Aus diesem Grund wollen wir uns in diesem Kapitel mit einigen Praxistipps beschäftigen, die die Kommunikation von Aufwandsprognosen und deren Einbindung in die Projektplanung spürbar erleichtern können.

Plausibilitätsprüfungen

Trotz der bekannten Folgen von fatalen Fehleinschätzungen entstehen in der Praxis nämlich noch immer zahlreiche Projektpläne unter massivem Zeitdruck und daher oftmals völlig ohne Aufwandsabschätzung und daraus abgeleitete Ressourcenplanung. Gerade Großprojekte, in denen es nicht selten um sieben- bis achtstellige Summen geht, werden oft in hemdsärmeliger Manier geplant und kurzerhand an Managementvorgaben statt an einer fundierten Schätzung ausgerichtet. Dazu wird der für das Projekt erlaubte Aufwand, ausgehend vom verfügbaren Budget bzw. dem ausgehandelten Fixpreis oft kurzerhand „invers" berechnet. Eine nochmalige Umkehrung der entsprechenden Formeln kann in einem solchen Fall mit wenig Aufwand dabei helfen, die praktische Machbarkeit eines Projektplans zu überprüfen, wie das folgende Beispiel illustriert.

Nehmen wir an, der Zeitrahmen für ein Projekt wurde auf 24 Monate festgesetzt, und es sollen durchschnittlich 80 Mitarbeiter darin beschäftigt werden. Durch Ausmultiplizieren beider Werte errechnen wir leicht den Gesamtaufwand von 1920 Personenmonaten. Setzen wir diesen in eine (Faust-) Formel (drei Mal die dritte Wurzel des Aufwands) zur Ermittlung der nominalen Entwicklungsdauer ein (vgl. Seite 69), ergibt sich ein Wert von gut 37 Monaten, also mehr als die Hälfte länger als der angesetzte Zeitrahmen von 24 Monaten. Der gewünschte Projektplan liegt somit bereits deutlich in der „Todeszone" der nicht mehr machbaren Zeitplan-Komprimierung (vgl. Seite 33), die in diesem Falle bei etwa 28 Monaten beginnen würde. Diese Berechnung gibt selbstverständlich noch keine Auskunft darüber, ob die gewünschte Funktionalität mit einem Aufwand von 1920 Personenmonaten überhaupt umsetzbar ist, sie macht aber sehr deutlich, dass das Projekt bereits allein auf Grund der gemachten Zeitvorgaben zu scheitern droht.

McConnell empfiehlt daher in seinem Buch [McConnell 06] jede Aufwandsschätzung diesem und noch einer Reihe weiterer **Sanity Checks** zu unterziehen. Neben obiger Überprüfung der minimalen Projektlaufzeit enthält diese Liste beispielsweise zusätzlich die Verwendung wenigstens eines standardisierten Schätzverfahrens und die Überprüfung aller erstellten Prognosen durch einen Schätzexperten. Auf Grund der oft recht hohen Unsicherheiten in Aufwandsschätzungen ist ferner die **Kombination verschiedener Schätzverfahren** als ein sinnvolles Verfahren zu sehen, um bereits erstellte Prognosen abzusichern. Zumindest solange nachfolgende Schätzungen auch in einem ähnlichen Rahmen liegen. Keinesfalls sollten sie missbraucht werden, unliebsame bisherige Ergebnisse kommentarlos durch neue zu ersetzen oder durch Mitteln zu reduzieren. In einem solchen Fall ist es vielmehr wichtig, die Ursachen der Abweichungen zu ergründen und entsprechend darauf zu reagieren. Häufig kommen bei solchen Analysen nämlich bisher nicht oder zu wenig beachtete Projektrisiken zum Vorschein, die wiederum in die Risikoanalyse des Projekts einfließen sollten [Ebert 06]. Lassen sich solche Projektrisiken nicht zufriedenstellend auflösen, sollte, wie später noch genauer beschrieben, über die Aufnahme eines entsprechenden Puffers in den Projektplan nachgedacht werden. Sowohl in der Literatur als auch auf der Liste von McConnells Sanity Checks findet sich in diesem Zusammenhang auch der Punkt, für Schätzungen jeweils Eintrittswahrscheinlichkeiten zu bestimmen, wie ebenfalls im Folgenden noch genauer beschrieben. Die Webseite [WWW] zu diesem Buch hält einen Link zu einer Auflistung aller von McConnell empfohlenen Plausibilitätsprüfungen bereit.

Aufwandsschätzungen kommunizieren

Möglicherweise unliebsame Aufwandsschätzungen werden unter dem Druck des täglichen Projektgeschäfts von Seiten des Managements gerne sehr genau hinterfragt und im Anschluss allzu oft auch zerredet, um eine Zielvorgabe durchzusetzen. Es sei an dieser Stelle noch einmal auf die eingangs zitierte Aussage von Frederik Brooks verwiesen, dass ein Schätzverantwortlicher sicher nur ungern seinen Arbeitsplatz auf Grund von wagen Vermutungen riskieren wird. Umso wichtiger ist es bei der Präsentation von Aufwandsschätzungen, die zugrunde gelegten Annahmen (auch im Deutschen oft **Assumptions** genannt) hieb- und stichfest darzulegen. Sie sollten entsprechend den Schätzergebnissen vorangestellt werden, sei es nun in einem schriftlichen Schätzbericht oder in einer entsprechenden Präsentation. Es kann auch nicht schaden, abschließend noch einmal darauf hinzuweisen, dass Veränderungen der Parameter eine Überarbeitung der Schätzung notwendig machen. Üblicherweise fallen Assumptions in eine der, in der folgenden Tabelle gezeigten und mit Beispielen unterlegten Kategorien:

Kategorie	Beispiel
Qualität der Schätzung	Der vorgesehene Zeitplan beträgt basierend auf dem Lastenheft etwa 6 Kalendermonate. Abweichungen von ± 50 % sind möglich.
Verwendbarkeit	Interne Budgetplanung, nicht für Terminzusagen verwenden!
enthaltende Funktionalitäten	Fehlende Postleitzahlen in den Kundendaten werden wenn möglich automatisch ergänzt.
nicht enthaltende Funktionalitäten	Es erfolgt keine Überprüfung der Korrektheit von Adressdaten.
Ressourcen/Mitarbeiterverfügbarkeit	Der Lead-Architect steht für die komplette Projektlaufzeit mit 100 % zur Verfügung.
Abhängigkeiten	Die Designstudien für das User Interface werden spätestens Ende des zweiten Monats vom Grafikdesigner geliefert.
unbekannte Einflussgrößen (Risiken)	Es ist unklar, ob die angesetzten Schulungszeiten für die CASE-Tools ausreichend sind.

Viele Risiken (z. B. das ungenaue Lieferdatum notwendiger Hardware) lassen sich trotz eines geschärften Bewusstseins nicht vollständig eliminieren, prinzipiell empfiehlt es sich daher, nicht nur die finanziellen Auswirkungen von Risiken abzuschätzen, wie dies üblicherweise im Projektmanagement getan wird, sondern auch die Auswirkungen auf den zu erwartenden Entwicklungsaufwand und den Zeitplan. Es liegt nahe, diese zu quantifizieren und ausgehend von der präsentierten (wahrscheinlichsten) Schätzung z. B. die möglichen Auswirkungen der zehn wichtigsten **Risiken** auf den Zeitplan anzugeben. Nehmen wir beispielsweise an, es besteht eine 30-%ige Wahrscheinlichkeit, dass sich eine zugekaufte Komponente nicht wie gewünscht in das System integrieren lässt und dadurch ein geschätzter Zusatzaufwand von 20 (nicht aufteilbaren) Personentagen entstehen kann. Natürlich wäre es möglich, die Integration der Komponente im Projektplan mit einem Puffer von 20 Tagen zu versehen, was jedoch der Risikowahrscheinlichkeit nicht gerecht werden würde. Es bietet sich vielmehr an, die erwartete Verzögerung mit der Eintrittswahrscheinlichkeit zu multiplizieren und dieses Ergebnis (also 6 Tage) dem Projektplan als Puffer hinzuzufügen. Dieser Puffer ist für den Fall, dass das Ereignis tatsächlich eintritt, natürlich deutlich zu gering, aber da es gleichzeitig wahrscheinlich ist, dass nicht alle Risikopuffer ausgeschöpft werden müssen, ergibt sich über das Gesamtprojekt eine brauchbare Abschätzung der möglichen Verzögerung.

Eintrittswahrscheinlichkeiten

Wie bereits mehrfach angesprochen, macht es unter dem Einfluss von zahlreichen Unsicherheitsfaktoren wenig Sinn, einen fixen Personalaufwand bzw. einen fixen Endtermin (die jeweils eine hundertprozentige Trefferwahrscheinlichkeit implizieren) für ein Projekt nennen zu wollen. Es ist besser und auch für das Management hilfreicher, Schätzergebnisse mit einer Eintrittswahrscheinlichkeit zu unterlegen, also beispielsweise verschiedene erreichbare Liefertermine für ein Projekts mit ihren zugehörigen Eintrittswahrscheinlichkeiten in einer Tabelle oder in einer Grafik wie der folgenden darzustellen. Diese demonstriert sehr eindrucksvoll, dass ein angenommener Wunschtermin im Oktober sehr wahrscheinlich nicht haltbar sein wird:

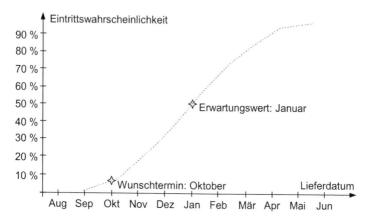

Wie schon angedeutet, können wir uns zur Abschätzung dieser Eintrittswahrscheinlichkeiten zunutze machen, dass sich die Summe von beliebigen voneinander unabhängigen Verteilungen (in unserem Falle also z. B. von Drei-Punkt-Expertenschätzungen für die Dauern einzelner Aktivitäten) der Normalverteilung annähert. Über diese ist aus der Statistik insbesondere bekannt, dass sich die Eintrittswahrscheinlichkeiten symmetrisch um den Mittelwert μ verteilen, wie in der folgenden Grafik gezeigt:

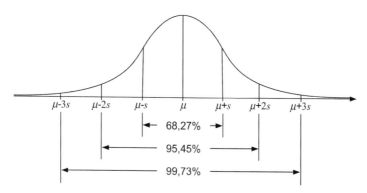

Es ist also in obigem Beispiel zu 50 % wahrscheinlich, den dem Mittelwert entsprechenden Liefertermin im Januar einhalten zu können.

Die Wahrscheinlichkeiten für weitere Liefertermine lassen sich mit Hilfe der (z. B. auf Seite 29 ermittelten) Standardabweichung s berechnen. Über diese wissen wir, dass bei einer Normalverteilung 68,3 % aller möglichen Liefertermine (um bei unserem Beispiel zu bleiben) im Bereich einer Standardabweichung um den Mittelwert liegen. Etwa 95,5 % liegen innerhalb von zwei und sogar rund 99,7 % innerhalb von drei Standardabweichungen. Entsprechend liegt die Wahrscheinlichkeit, einen Liefertermin von μ - s einhalten zu können, bei der Hälfte von 100 % - 68,3 %, also bei knapp 16 %. Anschaulich ausgedrückt würde das für ein Projekt mit einer geschätzten Projektdauer von 12 Monaten und einer Standardabweichung von 2 Monaten bedeuten, dass nur eine knapp 16-%ige Wahrscheinlichkeit dafür besteht, das System bereits nach 10 Monaten vollständig ausliefern zu können.

Weitere Werte lassen sich mit Hilfe einer Wahrscheinlichkeitstabelle für die Standardnormalverteilung (die sich üblicherweise auch im Anhang eines jeden Statistikbuchs wiederfindet) herleiten. Im Folgenden ist eine Auswahl der wichtigsten Werte von dort wiedergegeben; die in der vorherigen Abbildung dargestellten Vielfachen von s sind jeweils kursiv gesetzt:

Spannweite	Faktor	Untere Grenze	Obere Grenze
10 %	0,25	≤45 %	≥55 %
20 %	0,51	≤40 %	≥60 %
25 %	0,64	≤37,5 %	≥62,5 %
30 %	0,77	≤35 %	≥65 %
40 %	1,0	≤30 %	≥70 %
50 %	1,4	≤25 %	≥75 %
60 %	1,7	≤20 %	≥80 %
68,3 %	*2,0*	*≤15,9 %*	*≥84,1 %*
70 %	2,1	≤15 %	≥85 %
75 %	2,3	≤12,5 %	≥87,5 %
80 %	2,6	≤10 %	≥90 %
90 %	3,3	≤5 %	≥95 %
95,5 %	*4,0*	*≤2,3 %*	*≥97,7 %*
99,7 %	*6,0*	*≤0,15 %*	*≥99,85 %*

Um beispielsweise einen Liefertermin für unser Produkt zu bestimmen, der mit mindestens 90-%iger Sicherheit eingehalten werden kann, multiplizieren wir die Hälfte (also 1,3) des in der Tabelle für die entsprechende obere Grenze ablesbaren Faktors (2,6) mit der Standardabweichung, addieren das Ergebnis zu unserem mittleren Schätzwert μ und erhalten so den dafür benötigten Zeitraum von mindestens 14,6 Monaten.

Die Schätzung der Standardabweichung ist also ein notwendiger Schritt für die Herleitung von Eintrittswahrscheinlichkeiten und bei einer Drei-Punkt-Schätzung eine einfache Rechenübung. Deutlich schwieriger gestaltet sich dieses Unterfangen bei der manuellen Anwendung eines algorithmischen Kostenmodells. Best und Worst Cases stehen z. B. bei der Anwendung der COCOMO-Formel von Seite 76 nicht zur Verfügung, so dass in diesem Zusammenhang die Nutzung eines Werkzeugs (vgl. Seite 112), das über eine entsprechende Datenbasis zur Abschätzung der Standardabweichung verfügt, nur hilfreich sein kann. Immerhin gibt Boehm die ungefähre Breite der Standardabweichung für Zeitplanabschätzungen nach den COCO-MO-II-Modellen wie folgt an [Boehm 00]: Mit dem Early-Design-Modell erstellte Schätzwerte können zur manuellen Berechnung einer negativen Standardabweichung mit 0,67, bzw. zur Berechnung einer positiven Standardabweichung mit 1,50 multipliziert werden. Für das Post-Architecture-Modell liegen die Faktoren bei 0,80 bzw. 1,25.

Verhandlungsstrategien

Ein typisches Problem im Verlauf des Schätzprozesses tritt vielfach nach der Präsentation von Schätzergebnissen an der Schnittstelle zwischen technischem Personal und (Projekt-)Management auf. Nämlich dann, wenn sich prognostizierte Aufwände nicht mit den Erwartungen des Managements in Einklang bringen lassen. Treffen an dieser Stelle zwei unterschiedliche Meinungen aufeinander, ist ein Konflikt oftmals vorprogrammiert, und die Vorstellung von Aufwandsschätzungen gleicht mehr einer Verhandlung denn einer Präsentation von technischen Fakten. Selbst erfahrene Softwareentwickler fühlen sich in einer solchen Situation häufig unwohl, sind sie doch oft eher introvertierte Menschen, die sich, überspitzt formuliert, in einem „Zwiegespräch" mit einem Compiler wohler fühlen als in einer Diskussion mit

Vorgesetzten oder Vertriebsexperten. Zu allem Überfluss haben diese natürlich meist einen Management- oder Marketing-Hintergrund, sind also geschulte und entsprechend geschickte Verhandler oder Verkäufer, die es gewohnt sind, andere für ihre Position einzunehmen.

Dies ist umso gefährlicher, da die Ergebnisse von systematisch durchgeführten Aufwandsschätzungen grundsätzlich nicht verhandelbar sein sollten. Die folgende Situation ist dennoch typisch für den Projektalltag: Ein Entwickler kommuniziert seinem Projektmanager, dass das Projekt nach seiner (fundierten) Schätzung noch mindestens 9 Monate Zeit benötigen werde, der Projektmanager verlangt jedoch mit Nachdruck einen Projektabschluss in spätestens 6 Monaten. Ein beiderseitiges Beharren auf den jeweiligen Standpunkten führt in einer solchen Situation offensichtlich zu nichts und auch das stillschweigende Akzeptieren eines der beiden Standpunkte wird aller Voraussicht nach entweder für das Projekt oder für die Firma negative Konsequenzen haben. In einer solchen Situation ist es hilfreich, das gemeinsame Interesse (nämlich die erfolgreiche Projektdurchführung) in den Mittelpunkt zu stellen und herauszufinden, warum der Projektmanager den frühen Projektabschluss für notwendig erachtet. Stellt sich dabei z. B. heraus, dass das System auf einer wichtigen Messe vorgestellt werden muss, könnte der Entwickler eine iterativinkrementelle Vorgehensweise vorschlagen und anbieten, ein lauffähiges Systeminkrement mit den wichtigsten Features bis zur Messe fertigzustellen. Der Rest des Systems könnte danach „in Ruhe" zu Ende implementiert werden, so dass letztlich beide Seiten von dieser Lösung profitieren würden.

Diese Vorgehensweise geht auf das sogenannte **Harvard-Konzept** [Fisher & Ury 03], einen Klassiker der ergebnisorientierten Verhandlungsmethodik zurück, der den Einsatz von vier grundlegenden Verhandlungsstrategien empfiehlt:

1. Sachlich bleiben, d. h. nicht Menschen und Probleme vermischen
2. Auf gemeinsame Interessen fokussieren, nicht auf die eigene Position
3. Lösungsmöglichkeiten zum beiderseitigen Vorteil entwickeln
4. Auf objektiven Beurteilungskriterien bestehen

In der Praxis finden sich zwar nicht immer solch elegante Lösungen wie die eben beschriebene, die beiderseitige Beachtung der genannten Prinzipien erleichtert es aber spürbar, einen für das Projekt vorteilhaften Ausweg aus verfahrenen Situationen zu finden.

Im Bemühen dem Vorgesetzten zu gefallen, lassen sich Projekt-beteiligte auch gelegentlich, beispielsweise in einem beiläufigen Ge-spräch in der Kaffeepause, zu unbedachten **Ad-hoc-Schätzungen** hinreißen. Mag ein Entwickler in einer solchen Situation noch in der Lage sein, seine aktuell bearbeitete Aufgabe aus dem Stehgreif he-raus weitgehend korrekt einzuschätzen, ist das bereits für die Auf-gabe von nächster Woche mehr als fraglich. Von einem neuen Projekt, dessen Inhalte der Vorgesetzte mal eben in fünf Minuten skizziert, ganz zu schweigen. McConnell [McConnell 06] weist in diesem Zu-sammenhang auf empirische Studien hin, die nahelegen, dass die durchschnittliche Abweichung von Ad-hoc-Schätzungen mindestens doppelt so hoch liegt, wie das bei systematisch durchgeführten Auf-wandsermittlungen der Fall ist. In einer solchen Situation ist also unbedingt darauf zu bestehen, mit der gebotenen Sorgfalt eine objek-tive Aufwandsschätzung durchführen zu können.

Aber selbst wenn (oder gerade weil) eine Schätzung nach allen Regeln der Kunst durchgeführt wurde, kann sie in der Praxis leicht unter Druck geraten. Aussagen wie „Mit diesem Angebot bekommen wir niemals den Auftrag!", sind sicherlich jedem Schätzverantwort-lichen schon einmal zu Ohren gekommen. Gerade in einem solchen Fall gilt aber die Regel, sich niemals bloßem Druck sondern höchstens rationalen Argumenten zu beugen [Fisher & Ury 03]. Wurde also eine Schätzung nach objektiven und nachvollziehbaren Kriterien erstellt, führt der einzige Weg zu einer Aufwandsreduzierung über eine Ver-ringerung des geforderten Funktionsumfangs. In diesem Zusammen-hang (oder wenn ein Projekt bereits merklich verspätet ist) kommt aus dem Management gerne die Forderung, das System doch schlicht etwas weniger aufwendig zu programmieren: 10 bis 15 % des Gesamt-aufwands ließen sich dadurch sicher locker einsparen. Führen wir uns aber einmal vor Augen, dass für die reine Programmierung durch-schnittlich „nur" knapp 30 % (vgl. Seite 90) des gesamten Projekt-aufwands aufgewendet werden, wird schnell klar, dass eine 15-%ige Reduzierung des Gesamtaufwands etwa einer vollkommen unrealis-tischen Halbierung des Programmieraufwands gleichkommen würde. Von „etwas weniger aufwendig implementieren" kann an dieser Stelle also keine Rede mehr sein: Die geforderten 10 bis 15 % Gesamtein-sparung könnten allerhöchstens durch weitere merkliche Einschnitte bei Detailentwurf und Qualitätssicherung des Systems hereingeholt werden. Die Gefahr einer sich verschlechternden Systemqualität, die mittel- und langfristig sowohl die Motivation der Mitarbeiter als auch die Kundenzufriedenheit gefährden wird, liegt auf der Hand.

Übrigens wird auch eine „mutwillige" Reduzierung von Aufwandsschätzungen zur Erstellung eines vermeintlich konkurrenzfähigeren Angebots in der Praxis oft entlarvt. Nämlich spätestens dann, wenn das eigene Angebot allzu deutlich unter denen der Mitbewerber liegt und die Diskrepanz in der Angebotspräsentation nicht schlüssig zu erklären ist. Es kann also nicht schaden, die genannte Reihe von einfachen Tatsachen bei der Präsentation von Aufwandsschätzungen im Hinterkopf zu behalten, um entsprechenden Forderungen aus dem Management mit wohlüberlegten Argumenten entgegentreten zu können.

Dann sind wir Helden

Einwände von künftigen Projektbeteiligten zu einer Managementvorgabe schlicht zu ignorieren oder zu überstimmen, wie das in gehobenen Managementebenen gerne einmal getan wird, ist für den Projekterfolg aus eben dargelegten Gründen ein gefährliches Verhalten. Gerade in größeren Firmen ist es aber immer wieder interessant zu beobachten, wie mindestens drei andere Bewerber für den nächsten Karrieresprung gerne bereit sind, ein Projekt zu gegebenen Konditionen „durchzuziehen", selbst wenn ein potenzieller Projektleiter es unter den gegebenen Voraussetzungen bereits abgelehnt hat. Analog verhalten sich oft auch viele Dienstleister, wenn sie sich auf ein ausgeschriebenes Projekt bewerben.

Scheitert das Vorhaben am Ende doch, war dies natürlich nicht von vorneherein absehbar, sondern wurde allein durch „unvorhersehbare" Ereignisse verursacht, die jedes Projekt ins Wanken gebracht hätten. Der verantwortliche Projektleiter (oder Dienstleister), der alle zur Verfügung stehenden Mittel (Überstunden etc.) eingesetzt (und damit „verbrannt") hat, um das Projekt möglichst zielgerecht abzuschließen, wird für seinen hohen persönlichen Einsatz meist entsprechend belohnt und hat sich als Spezialist für ähnlich aussichtslose Fälle profiliert. Die Mitarbeiter, die im Projektverlauf am Ende ihrer Kräfte krankheitsbedingt ausgefallen sind oder gar gekündigt haben, waren eben nicht belastbar genug und sind bis dahin längst durch leistungsbereite Neuankömmlinge ersetzt. Die entstehenden Kosten für den Ersatz eines Mitarbeiters zu berechnen, liegt zwar außerhalb des Rahmens dieses Buches, es sei aber in aller Kürze darauf hingewiesen, dass leicht einige zehntausend Euro für Ausfallzeiten, Neurekrutierung und Einarbeiten eines neuen Kollegen anfallen können. Von einem entsprechenden Imageverlust des Arbeitgebers ganz zu schweigen.

Das liebe Geld

Software-Aufwandsschätzungen werden nicht zuletzt deshalb durchgeführt, um die ungefähren Kosten eines Projekts bestimmen zu können. Und zwar durchaus nicht nur auf Seite des Auftragnehmers, auch ein Auftraggeber sollte zumindest ein ungefähres Gefühl dafür entwickeln, wie hoch der Aufwand für ein System tatsächlich werden wird, um Angebotspreise realistisch einschätzen zu können. Realistisch heißt dabei übrigens nicht unbedingt, dass evtl. ein zu hoher Preis berechnet wird. Gerade wenn Projekte öffentlich ausgeschrieben werden (müssen), ziehen sie oft eine größere Anzahl von Bietern an, die sich naturgemäß gegenseitig zu unterbieten versuchen. Dabei sind in hartem Wettbewerb immer wieder auch unrealistische (sprich evtl. querfinanzierte) Kampfpreise anzutreffen, die ein Auftraggeber aber genauso kritisch hinterfragen sollte, wie zu hohe Preise. Zeichnet es sich schon bei der Anwendung einfachster Plausibilitätsprüfungen ab, dass ein Angebot für den Anbieter ein Verlustgeschäft zu werden droht, so ist davon auszugehen, dass die Qualität des Produkts nicht den Anforderungen entsprechen wird, sofern es überhaupt jemals fertiggestellt werden kann. Glücklicherweise gibt es in jüngster Zeit immer mehr Dienstleister, die auch in extremem Konkurrenzkampf nicht auf die „Schleuderpreise" der Mitbewerber eingehen und von solchen Angeboten lieber Abstand nehmen. Gerade die öffentliche Hand täte sicher gut daran, ihre Vergaberichtlinien (nicht nur bei Softwareprojekten) dahingehend zu überprüfen, dass offensichtlich nicht kostendeckend arbeitende Anbieter keine Zuschläge mehr erhalten dürfen.

Um als Auftragnehmer aus reinen Aufwandsschätzungen einen **Angebotspreis** ableiten zu können, sind natürlich noch weitere Schritte notwendig, die aber in den Aufgabenbereich des Projektmanagements fallen und daher im Folgenden nur kurz angerissen werden können. Einen kompakten Überblick zum Thema bietet z. B. Pascal Mangold in seinem Buch [Mangold 09]. Für eine Angebotserstellung ist zunächst die für das Projekt geschätzte Zahl an Bearbeitertagen mit einem entsprechenden Tagessatz zu multiplizieren. Was zunächst einfach klingt, muss in einem Großprojekt, für das viele verschiedene Qualifikationen erforderlich sind und evtl. Berater von außen zugekauft werden müssen, nicht immer problemlos sein, insbesondere wenn weit vor Projektbeginn die verfügbaren Mitarbeiter noch nicht absehbar sind. Natürlich sind auch weitere Faktoren, wie Reisekosten, Kosten für Büros, Hardware und Softwarelizenzen etc. nicht zu vernachlässigen, um eine erste Grundlage für ein Angebot zu erhalten. Der finale Angebotspreis bestimmt sich aber nicht nur aus dem zu erwartenden Projektaufwand, da noch zahlreiche weitere Faktoren die Preisbildung beeinflussen: So gibt es auch in der Softwareentwicklung weitreichende Gestaltungsspielräume, was beispielsweise die exklusive Nutzung des erstellten Systems und Knowhows oder auch Gewährleistungsansprüche angeht. Diese spiegeln sich natürlich ebenso im Preis wider, wie z. B. die herrschende Konkurrenzsituation, andere äußere Einflussfaktoren und nicht zuletzt auch die angestrebte Marge.

Haben sich Auftraggeber und Auftragnehmer erst einmal auf einen Vertrag geeinigt, steht häufig noch die Frage nach geeigneten Zahlungsmodalitäten im Raum, grob gesagt gibt es, ähnlich wie auch im handwerklichen Bereich, zwei Möglichkeiten, einen Preis zu ermitteln: Zum einen die Bezahlung auf Basis eines **Festpreises**, zum anderen die Abrechnung nach tatsächlichem Aufwand, in der IT-Industrie oftmals **Time and Material** genannt. Das erstgenannte Modell ist typischerweise eher für den Auftraggeber von Vorteil, da er für eine vorab vereinbarte Summe ein definiertes Produkt bekommt. Das zweite Modell hingegen ist eher für den Auftragnehmer vorteilhaft, da der Auftraggeber sämtliche Unwägbarkeiten auf dem Weg zum Produkt (und evtl. auch die Unfähigkeit des Auftragnehmers) zu tragen hat. Da eine frühe Festpreisbildung auf Grund unklarer Anforderungen oft nicht möglich ist (vgl. Cone of Uncertainty auf Seite 7) finden sich in der industriellen Praxis häufig individuell ausgehandelte Zahlungsmodalitäten, die beide Ansätze zum Vorteil beider Parteien kombinieren. In einem solchen Fall bietet es sich an, für eine erste Projektphase bis zur Etablierung stabiler Anforderungen nach Time and Material abzurechnen und sobald der Gesamtumfang des Projekts solide abschätzbar ist, einen Festpreis zu vereinbaren. Da es sich die wenigstens Auftragnehmer leisten können, die Entwicklung eines Projekts bis zur Abnahme aus der eigenen Tasche zu finanzieren, wird in der Praxis zudem zu bestimmten Meilensteinen oft eine Ratenzahlung (ggf. verknüpft mit Leistungsprämien oder Strafzahlungen) vereinbart.

Systembetriebskosten

Soll ein Softwaresystem mit „allem drum und dran" bei einem Kunden installiert werden und diesem die Möglichkeit geben, es wirtschaftlich zu betreiben, kommt früher oder später die Frage nach der benötigten Hardware auf den Tisch. Dabei sind insbesondere drei Kennzahlen interessant, nämlich die Größe von Fest- und Arbeitsspeicher sowie die benötigte Prozessorleistung. Für Einzelplatz-Systeme, die unter Umständen auf hunderten von Arbeitsplätzen installiert werden müssen, spielt natürlich häufig auch die benötigte Bildschirmauflösung eine Rolle. Wie meist in Bezug auf Hardware gilt auch hier je mehr desto besser, aber gerade Wirtschaftlichkeitsüberlegungen für den möglicherweise jahrzehntelangen Betrieb eines komplexen IT-Systems, wie z. B. zum Beispiel einer Webapplikation, verlangen nach wesentlich genaueren Angaben. Während sich auf der Client-Seite und bei Desktop-Anwendungen meist die Software nach der vorhandenen Hardware zu richten hat bzw. die heutzutage vorhandene Ausstattung für gängige Büroanwendungen ohnehin meist völlig ausreichend ist, ist die Situation auf der Server-Seite eine andere. Dort können die Anschaffungs- oder Betriebskosten für die benötigte Hardware einen entscheidenden Anteil daran haben, ob sich ein gewinnbringender Business Case erreichen lässt oder nicht.

Die Betriebskosten auf Server-Seite hängen zumeist unmittelbar mit den extrafunktionalen Anforderungen (wie z. B. Performance, Zuverlässigkeit u. ä.) an eine Software zusammen. Erfahrungsgemäß gibt es für diesen oft als **Hardware-Sizing** bezeichneten Bereich noch deutlich weniger Experten als für die Aufwandsermittlung in der Softwareentwicklung. Häufig trifft es daher Softwareentwickler, die ohne tieferes Hintergrundwissen in der Angebotsphase eines Projekts gedrängt werden, auch Abschätzungen für die Größe der benötigten Hardware abzugeben. Wie wir gleich sehen werden, ist die Bemessung des benötigten Festplattenspeichers mit etwas gesundem

Menschenverstand noch relativ einfach bewältigbar. Eine konkrete Abschätzung des minimal benötigten Arbeitsspeichers und der benötigten Prozessorleistung für eine konkrete Plattform (also z. B. Betriebssystem, Datenbank und Web- und Application-Server) ist aber auf Grund der Vielzahl von Einflussfaktoren selbst für erfahrene Softwareentwickler nahezu ein Ding der Unmöglichkeit. In einem solchen Fall ist häufig die einzige Möglichkeit das Heranziehen von Fachleuten von Seiten der Server-Hersteller, die ungefähre Abschätzungen auf Basis entsprechender Erfahrungswerte und Benchmarks erstellen können. Meistens allerdings nur für eigene Referenzapplikationen auf ganz bestimmten Hardwarekonfigurationen, die üblicherweise wenig mit den eigenen Projektgegebenheiten zu tun haben. Beispielsweise definiert SAP den **SAPS** (SAP Application Performance Standard) als eine Maßeinheit, bei der 100 SAPS 2.000 in einer Stunde vollständig bearbeiteten Verkaufsvorgängen in einem SAP-System entsprechen. Von SAP zertifizierte Konfigurationen sind auf der Webseite des Buchs [WWW] verlinkt. Die Erstellung und Erprobung von eigenen Prototypen ist in diesem Zusammenhang zwar möglich, aber oft zu aufwendig und wäre in Ermangelung einer voll ausgebauten Produktivumgebung zu Projektbeginn zwangsläufig auch nicht besonders aussagekräftig.

Festspeicher ermitteln

Wenden wir uns der Ermittlung des für eine Anwendung notwendigen Festspeichers zu: Diese lässt sich glücklicherweise, wie bereits gesagt, im Wesentlichen mit etwas gesunden Menschenverstand leicht durchführen. Das Gros des Speicherbedarfs heutiger (Informations-) Systeme rührt nämlich von den Daten her, die darin verwaltet werden müssen. Der eigentliche Programmcode trägt nur noch einen Bruchteil dazu bei. Eine Abschätzung kann daher nach einer ersten Systemanalyse auf Basis eines Domänenmodells erfolgen. Für die darin enthaltenen Entitäten und deren Attribute muss dann „nur" noch jeweils ein plausibler Durchschnittsplatzbedarf ermittelt werden. Dieser Speicherbedarf wird aufsummiert und kann sodann mit dem vom Kunden vorgegebenen Bedarf für die jeweilige Entität multipliziert werden.

Am Beispiel des Mini-Domänenmodells aus dem Kapitel zur Function-Point-Analyse könnte ein solche Berechnung wie folgt aussehen:

Die Datenbanktabelle für die CDs enthält Einträge für Interpret, Albumtitel und Label, die wir auf durchschnittlich 32 Zeichen Unicode (d. h. ein Zeichen benötigt 2 Byte Speicherplatz) ansetzen. Das Erscheinungsdatum benötigt insgesamt 4 Bytes. Pro Song sind für Titel und Komponist wiederum jeweils 32 Zeichen zu rechnen und für die Länge des Stücks sollten 2 Bytes ausreichend sein. Eine durchschnittliche CD könnte nach Angaben unseres hypothetischen Kunden 12 Songs beinhalten. Somit ergibt sich pro CD ein Speicherbedarf von ca. 1750 Bytes. Sollen in diesem System nun mindestens 250.000 CDs gespeichert werden können, ergibt das einen noch überschaubaren Speicherbedarf von rund 450 MB. Der Speicherbedarf realistischer Systeme ist heute natürlich meist sehr viel größer und wird vor allem durch Kundenstämme und ihre Aktivitäten bestimmt, denken wir z. B. an die Abrechnungssysteme von Mobilfunkprovidern, die täglich unter Umständen Dutzende von Kurznachrichten und Anrufen pro Kunde erfassen müssen und nach einiger Zeit leicht die Terabyte-Grenze überschreiten können.

Es liegt auf der Hand, dass die Qualität der Schätzung mit der Qualität des Datenmodells und der Kenntnis der zu erwartenden Datenmenge ansteigt, so ist beispielsweise eine realistische Verteilung von Daten aus einem Altsystem allemal ein besserer Ausgangspunkt als eine ungefähre Vermutung. Generell gilt auch in diesem Zusammenhang, dass alle Annahmen dokumentiert werden sollten und nicht die Schätzergebnisse, sondern allenfalls die Mengenvorgaben verhandelbar sind. Ferner kann wiederum die Anwendung von Best und Worst Cases sinnvoll sein, wenn (noch) kein verlässliches Datenmodell zur Verfügung steht. Dadurch kann dem Management zumindest eine ungefähre Abschätzung des Risikos ermöglicht werden. Natürlich sollte auch – gerade bei kleineren (z. B. mobilen) Systemen – der Platzbedarf für Betriebssystem, virtuelle Maschine und Server-Software nicht aus den Augen verloren werden, doch trotz allem stellt der dafür benötigte Festspeicher heutzutage ein eher unerhebliches Problem dar.

Gerade sehr große Informationssysteme werden üblicherweise auf Basis eines sogenannten **Service Level Agreement**s (SLA) betrieben, das neben der Verfügbarkeit des Systems (die für die Systementwicklung über Kostentreiber berücksichtigt werden kann) oft auch ein bestimmtes Niveau für die Datensicherheit im laufenden Betrieb vorschreibt und somit die benötigte Speicherkapazität in die Höhe treiben kann. Dieses lässt sich am einfachsten mit sogenannten RAID-

Systemen realisieren. Das Akronym **RAID** steht dabei für Redundant Array of Independent Disks und sorgt üblicherweise dafür, dass die Datensicherheit (mit Ausnahme von Level 0) bzw. die Festplatten-Performance dadurch erhöht wird, dass mehrere physische Platten geschickt zu einer logischen Platte verschaltet werden. Hilfreich zur Ermittlung des physisch benötigten Festplattenspeichers ist die folgende Tabelle, die für die gängigsten RAID-Levels angibt, wie groß der Anteil des logisch zur Verfügung stehenden Speichers noch ist.

Level	Plattenzahl	Kapazität	Ausfalltoleranz
0	gerade	unverändert	keine
1	gerade	50 %	1 Platte
5	$n \geq 3$	$(n-1)/n$	1 Platte
10 (auch 1 + 0)	$n \geq 4$ (gerade)	50 %	1 Platte

Soll also im Rahmen einer Schätzung der benötigte Festplattenplatz abgeschätzt werden, ist die softwareseitig ermittelte Plattengröße mit dem Kehrwert der in der Tabelle genannten Kapazität zu multiplizieren. Weitere Hinweise zu im Internet verfügbaren RAID-Rechnern mit deren Hilfe sich konkrete Konfigurationen berechnen lassen, finden sich auf der Webseite zu diesem Buch [WWW].

Weiterer, noch weit größerer Bedarf an Speicherkapazität wird natürlich entstehen, wenn sämtliche Datenbestände regelmäßig auf einem unabhängigen System gesichert werden sollen. In einem solchen Fall ist offensichtlich mit mindestens dem doppelten Platzbedarf (von entsprechender Prozessorleistung und Netzwerkverbindungen gar nicht zu reden) zu rechnen, es sei denn, die Daten sind gut komprimierbar. Wie effektiv und effizient bestimmte Datensätze komprimierbar sind, kann aber üblicherweise nur durch entsprechende, meist recht aufwendige Versuche herausgefunden werden.

Werkzeuge

Wir haben bereits zahlreiche Techniken zur Abschätzung von Softwaresystemen kennengelernt, die sich weitestgehend mit Hilfe von gängigen Tabellenkalkulationen anwenden lassen. Auf den ersten Blick erscheint der Mehrwert von spezialisierten Tools also eher gering, auf den zweiten Blick zeigt sich aber, dass spezialisierte Werkzeuge, wie beispielsweise das im Folgenden vorgestellte Construx Estimate oder der COCOMO-Online-Rechner, vor allem auf Grund einer Datenbasis von hunderten oder gar tausenden Projekten auf der sie üblicherweise operieren, mit zahlreichen Vorteilen aufwarten können. Durch diesen wertvollen Erfahrungsschatz können mühelos verschiedene „Was-wäre-wenn-Szenarien" durchgespielt werden, womit sich unter Umständen Probleme erkennen lassen, die selbst erfahrenen Projektleitern ansonsten entgehen würden. Aus dem Umfeld der Toolhersteller gibt es zudem Untersuchungen, die darauf hindeuten, dass werkzeugunterstützte Aufwandsschätzungen näher am tatsächlichen Aufwand liegen als manuell erstellte.

Alles in allem also genügend Gründe, um uns die beiden gerade genannten, frei im WWW verfügbaren Werkzeuge genauer anzusehen. Neben Boehm und McConnell sind übrigens auch die Firmen von Jones und Putnam oder in Deutschland die Firma Cost Expert mit eigenen (oft nicht gerade preisgünstigen, aber sehr leistungsfähigen) Produkten am Markt. Eine detaillierte Beschreibung würde an dieser Stelle allerdings den Rahmen sprengen, so dass einmal mehr auf die Webseite zu diesem Buch [WWW] verwiesen sei.

Der COCOMO-Rechner

Barry Boehms Arbeitsgruppe an der University of Southern California [WWW] bietet eine Reihe von Webformularen an, mit deren Hilfe Aufwandsschätzungen auf Basis der gängigen COCOMO-Modelle erstellt werden können. Exemplarisch wollen wir in diesem Abschnitt das Formular für COCOMO II betrachten. Im einfachsten Fall ist es zur Aufwandsbestimmung ausreichend, die gemessene bzw. geschätzte Größe eines Systems in Source Lines of Code (SLOC) in das Formular einzugeben. Der COCOMO-II-Rechner kann zusätzlich auch wiederverwendbare bzw. zu modifizierende SLOC in die Berechnungen einbeziehen oder letztere für Java und C auch direkt auf Basis von Function Points ausführen. Ferner sind natürlich entsprechende Eingabefelder für Größenfaktoren und Kostentreiber vorhanden:

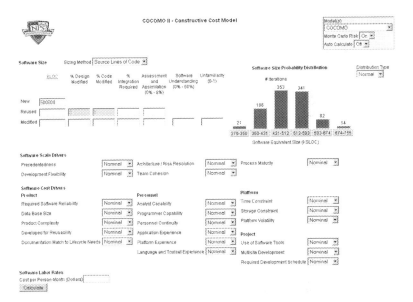

Die obige Abbildung zeigt zudem eine aus der eingegebenen Systemgröße (von 500.000 SLOC) abgeleitete Wahrscheinlichkeitsverteilung für die tatsächlich zu erwartende Systemgröße, die das Werkzeug ebenfalls berechnen kann. Auch die Ergebnisse werden, wie in der Abbildung auf der nächsten Seite gezeigt, direkt auf der Webseite dargestellt.

Das COCOMO-Tool berechnet nicht nur den geschätzten Aufwand in Personenmonaten und die geschätzte Entwicklungsdauer, sondern bei Eingabe des durchschnittlichen Monatslohns eines Entwicklers auch die zu erwartenden Personalkosten sowie eine vorgeschlagene Verteilung dieser Angaben auf die Entwicklungsphasen des Unified Process. Ferner werden bei Verwendung einer Monte-Carlo-Simulation noch die konkreten Eintrittswahrscheinlichkeiten (im Bild: Confidence Levels) für verschiedene Projektaufwände ermittelt.

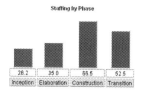

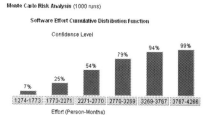

Construx Estimate

Der in diesem Buch schon mehrfach erwähnte Steve McConnell stellt auf der Webseite seiner Firma Construx das Windows-Tool *Estimate* zum kostenlosen Download zur Verfügung [WWW]. Durch einen Wizard fragt *Estimate* die wesentlichen Rahmendaten eines Projekts (also z. B. seine Größe in FP, die maximale Laufzeit u. ä.) ab und simuliert ebenfalls mit Hilfe von Monte-Carlo-Simulationen mögliche Projektverläufe. Wie in der folgenden Abbildung rechts oben dargestellt, wird für die simulierten Projektausgänge der Aufwand in Personenmonaten gegen den Zeitplan in Monaten dargestellt.

Der am linken Rand des Graphen weiß dargestellte Bereich kennzeichnet die „Todeszone" der nicht mehr erreichbaren Zeitplanverkürzungen. Die große Anzahl von möglichen Projektausgängen, die in der Todeszone liegen, deuten in diesem Fall nicht gerade auf großzügig gewählte Projektparameter hin. Der zweite darunter zu sehende Graph verdeutlicht noch einmal den Zusammenhang zwischen Aufwand und Projektlaufzeit und die sich daraus ergebenden

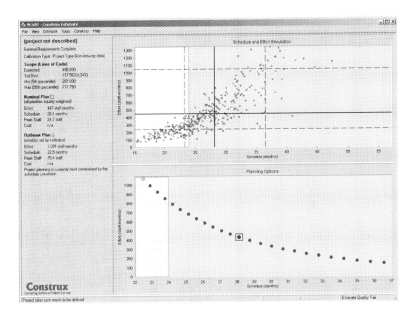

Planungsoptionen. Die gewählten Projektparameter bzw. die daraus abgeleiteten Schätzungen sind am linken Rand des *Estimate*-Fensters dargestellt und können auch nachträglich verändert werden. Alles in allem ist *Construx Estimate* ein einfaches und übersichtliches, dabei aber sehr hilfreiches Werkzeug mit dessen Hilfe sich Projektausgänge grafisch ansprechend darstellen lassen.

Schlussworte

Ich hoffe, Ihnen, liebe Leser, auf den letzten 115 Seiten einen spannenden Einblick in den großen Bereich der Software-Aufwandsschätzungen gegeben zu haben. Bevor ich Ihnen am Ende des Buches noch eine Übersicht zur leichteren Auswahl der passenden Schätztechniken mit auf den Weg gebe, möchte ich noch einmal kurz die wesentlichsten Punkte zusammenfassen und Ihnen einige hilfreiche Daumenregeln an die Hand geben.

Zusammenfassung

Prinzipiell haben wir zur Erstellung von Aufwandsschätzungen zwei Möglichkeiten kennengelernt: Entweder wir verwenden einen sogenannten Bottom-up-Ansatz (wie z. B. bei Expertenschätzungen oder in Scrum), der ein Projekt in überschaubare Aktivitäten zerlegt und diese zu einer Gesamtschätzung addiert, oder wir gehen von oben nach unten vor und schätzen zunächst den Aufwand für das Gesamtsystem auf Basis eines algorithmischen Kostenmodells. Für letzteres Vorgehen benötigen wir neben der zu erwartenden Systemgröße üblicherweise weitere projektspezifische Kostentreiber als Eingabeparameter. Die (funktionale) Systemgröße wird in diesem Zusammenhang gewöhnlich mit Hilfe einer Function-Point-Analyse oder eines verwandten Verfahrens ermittelt und dann auf Basis von entsprechenden Umrechnungstabellen (s. hintere Umschlagseite) in die zu erwartende physische Systemgröße in Lines of Code umgerechnet.

Je sorgfältiger die Ermittlung der Systemgröße ausgeführt werden kann, desto treffsicherer werden die darauf aufbauenden Aufwandsprognosen ausfallen. Allerdings ist zu beachten, dass die erforderliche Sorgfalt bei noch unklaren Anforderungen sehr früh im Projekt oder gar vor Projektbeginn meist nicht gewährleistet ist. Daher sollten dort gemachte Annahmen (Assumptions) zu den Anforderungen und Projektrahmenbedingungen für den weiteren Projektverlauf unbedingt dokumentiert werden, möglicherweise entdeckte Risiken bei der Projektplanung berücksichtigt und vor allem die Ungenauigkeit der Aufwandsabschätzungen zu diesem frühen Zeitpunkt beachtet werden. Zur Darstellung der Ungenauigkeit (also zur Ableitung der Eintrittswahrscheinlichkeiten konkreter Schätzergebnisse) bietet es sich an, die Standardabweichung der wahrscheinlichsten Schätzung zu ermitteln, wozu vor allem auch entsprechende Softwarewerkzeuge hilfreich sein können. Aus dieser prinzipiellen Ungenauigkeit von Aufwandsschätzungen ergibt sich unmittelbar die Notwendigkeit, sie mehrmals im Projektverlauf auf Basis der jeweils neu erlangten Erkenntnisse möglichst mit Hilfe genauerer Techniken zu wiederholen, um ggf. den Projektplan entsprechend anpassen zu können.

Hilfreiche Faustformeln

Der Entwicklungsaufwand in Personenmonaten berechnet sich überschlägig in Abhängigkeit von der Systemgröße in tausenden Codezeilen nach folgender Formel:

$$Aufwand = 3 \cdot KLOC^{1,1}$$

Darauf aufbauend lässt sich die ungefähre Projektdauer in Monaten mit Hilfe der Formel

$$Entwicklungszeit = 3 \cdot Aufwand^{\frac{1}{3}}$$

ableiten. Die durchschnittlich im Projekt beschäftigte Anzahl an Mitarbeitern ergibt sich aus einer einfachen Division des Aufwands durch die Entwicklungszeit. In diesem Zusammenhang wird häufig darauf hingewiesen, dass ein Projekt gemäß einer Rayleigh-Verteilung mit Personal ausgestattet werden sollte, da es maximal eine jährliche Personalzunahme (manpower build up rate) von etwa 30 % verkraftet. Eine weitere Daumenregel besagt, dass die Wurzel aus dem Entwicklungsaufwand in Bearbeitermonaten in etwa der maximal sinnvollen Mitarbeiterzahl entspricht. Ein durchschnittlicher Entwickler kann (natürlich abhängig von der Sprache) pro Monat ungefähr 300–500 Zeilen Code, was ganz grob 2–10 Function Points entspricht, implementieren.

Es ist nicht unüblich, dass die geforderte Funktionalität eines Systems während seiner Erstellung weiter wächst, da der Kunde neue Anforderungen entdeckt bzw. bekannte Anforderungen sich als umfangreicher entpuppen als zunächst angenommen. Dieser sogenannte **Scope Creep** wird in der Literatur mit monatlich etwa 1 bis 4 % der gesamten Anforderungen angegeben. Insgesamt ist davon auszugehen, dass sich (je nach Systemgröße) bis zu etwa 35 % aller Anforderungen im Laufe einer Systementwicklung verändern können.

Gemäß **Lehman's Law** [Endres & Rombach 03] sind auch nachträgliche Veränderungen an einer genutzten Software unumgänglich, um ihren Nutzwert zu erhalten. In der Literatur wird die Änderungsrate für bestehende Anforderungen auf knapp 10 % pro Betriebsjahr geschätzt. Gleichzeitig muss mit weiteren 5–10 % neuer Anforderungen pro Jahr gerechnet werden (s. z. B. [Ebert 08]). Der nach Abschluss der eigentlichen Systementwicklung notwendige jährliche **Wartungsaufwand** (annual maintenance effort) berechnet sich also wie folgt:

$$Aufwand_{ame} = ACT \cdot Aufwand$$

Wobei *ACT* für Annual Change Traffic, also den Anteil eines Systems steht, der jährlich in etwa geändert oder hinzugefügt werden muss. Aus dem Umfeld der Function Points kommt in diesem Zusammenhang der ungefähre Richtwert, dass eine Person pro Jahr etwa Software im Umfang 500–750 Function Points warten kann. Ganz grob gerechnet entspricht das in etwa 25.000–50.000 LOC.

Das sogenannte **Pareto-Prinzip** (auch 80-20-Regel genannt) findet sich an vielen Stellen in der Softwareentwicklung wieder. So ist davon auszugehen, dass etwa 20 % der implementierten Funktionalität knapp 80 % der späteren Nutzungshäufigkeit eines Systems erzeugen. Werden diese 20 % frühzeitig identifiziert, kann beispielsweise der Testaufwand entsprechend geplant werden und dadurch im Idealfall zumindest in der Wahrnehmung der Nutzer eine bessere Qualität erzielt werden. Dazu passt auch sehr gut die Daumenregel, die besagt, dass etwa die Hälfte aller Features in großen Softwaresystemen nahezu ungenutzt bleiben wird.

In ausreichend komplexen Softwaresystemen finden sich nach gängiger Meinung bei Auslieferung noch etwa 3 **Fehler** pro 1.000 Programmzeilen wobei knapp 50 % der Systeme noch gravierende, also „nicht triviale" Fehler enthalten. Jede neue Teststufe entdeckt im Schnitt etwa 30 % der noch vorhandenen Fehler, so dass ein System mindestens 5 Testrunden durchlaufen muss, wenn es nur durch Testen das durchschnittliche Industrieniveau, das bei etwa 85 % entdeckter Fehler liegt, aufweisen soll. Formale Design- und Code-Inspektionen decken mit ca. 65 bzw. 60 % der noch vorhandenen Fehler pro Anwendung übrigens wesentlich mehr Probleme auf [Jones 07], erfordern aber auch einen deutlich höheren Aufwand.

Die Korrektur eines Fehlers während der Implementierung ist etwa 10 Mal so teuer wie während der Anforderungsermittlung und verteuert sich nochmals um den Faktor 10, wenn der Fehler erst nach der Indienststellung des Systems entdeckt und behoben wird. Generell ist davon auszugehen, dass Stress und Zeitdruck im Projekt für bis zu 40 % aller Fehler verantwortlich gemacht werden können. Durchschnittlich werden etwa bei 7 % aller Fehlerkorrekturen neue Fehler in die Software injiziert, diese Rate kann bei schlecht wartbarer Software sogar leicht auf über 50 % ansteigen.

Übersicht der vorgestellten Verfahren

Um die Auswahl eines passenden Verfahrens zur Größenmessung bzw. eines Kostenmodells zu erleichtern, geben die folgenden Tabellen abschließend noch einmal einen kompakten Überblick über die im Buch vorgestellten Verfahren und ihre wichtigsten Eigenschaften.

Messung der „Softwaregröße"

Wir unterscheiden prinzipiell zwei Ansätze zur Größenmessung von Software: Es besteht einmal die Möglichkeit, die Größe der Software anhand des Source-Codes physisch zu bestimmen oder aber die von der Software gelieferte Funktionalität zu messen. Zur physischen Größenbestimmung haben sich im Zusammenhang mit Aufwandsschätzungen im Laufe der Zeit die Lines of Code als einzige in der Praxis verwendete Messgröße durchgesetzt. Die funktionale Größenmessung geht im Wesentlichen auf die Function Points nach Albrecht zurück, die – neben zahlreichen ähnlichen Verfahren – auch heute noch in Gebrauch sind. Die folgende Tabelle listet die im Buch vorgestellten Verfahren auf und enthält auch hilfreiche Einschätzungen zu ihrer Verbreitung, dem Zeitpunkt ihrer Anwendbarkeit und dem zu erwartenden Zählaufwand:

Zählverfahren	Verbreitung	Wann anwendbar	Zählaufwand	Bemerkungen
Lines of Code (S. 35)	sehr hoch	sehr spät: *nach der Implementierung*	sehr gering	Zählung automatisiert möglich, fundierte Schätzung nur mit viel Erfahrung
Story Points (S. 15)	sehr hoch	sehr früh: *nach der Anforderungserfassung*	hoch	teamspezifisch; empirische Aufwandsschätzungen nach einigen Sprints ableitbar
Use Case Points (S. 56)	mittel	sehr früh: *nach der Anforderungserfassung*	gering	recht junges Verfahren mit großem Potenzial, aber bisher wenigen Erfahrungswerten
The Dutch Method (S. 51)	gering	früh: *nach einer Domänenanalyse*	gering	Vereinfachung der IFPUG Function Points, hilfreich für eine grobe Abschätzung der Projektgröße
(IFPUG) Function Points (S. 38)	hoch	früh: *nach der Anforderungsanalyse*	sehr hoch	am weitesten verbreitetes Verfahren zur funktionalen Größenmessung, gute Erfahrungswerte zur Aufwandsabschätzung verfügbar
Mark II Function Points (S. 52)	gering	früh: *nach der Anforderungsanalyse*	mittel	interessante Alternative zu den IFPUG-Function-Points, aber nicht so weit verbreitet
3D Function Points (S. 63)	sehr gering	früh: *nach der Anforderungsanalyse*	sehr hoch	theoretisch interessanter Ansatz
COSMIC FFPs (S. 65)	gering	mittel: *nach der Anforderungsanalyse und ersten Architekturentscheidungen*	mittel	mit großem Aufwand entwickelter, flexibler Ansatz, allerdings (noch?) nicht sehr weit verbreitet
Object Points (S. 55)	sehr gering	mittel: *nach der Anforderungsanalyse und ersten Architekturentscheidungen*	mittel	eher historisch im Zusammenhang mit COCOMO II interessant

Abschätzung des Entwicklungsaufwands

Abschätzungen des Entwicklungsaufwands erfolgen bei algorithmischen Modellen wie COCOMO auf Basis der zuvor ermittelten Systemgröße. Sind in der folgenden Tabelle Source Lines of Code (SLOC) angegeben, ist natürlich auch die Verwendung von anderen Maßen wie (Unadjusted) Function Points nicht ausgeschlossen. Voraussetzung dafür ist, dass für die gewünschte Programmiersprache entsprechende Umrechnungsfaktoren zur Verfügung stehen, wie sie auf der hinteren Umschlagsseite abgedruckt sind.

Schätzverfahren	Verbreitung	Input	Aufwand	Bemerkungen
Basic COCOMO 81 (S. 71)	hoch	SLOC	sehr gering	sicher nach wie vor das bekannteste Schätzverfahren, für die Praxis aber nicht mehr zeitgemäß
Intermediate COCOMO 81 (S. 72)	sehr gering	SLOC	mittel	durch Kostentreiber genauere Variante von COCOMO 81
COCOMO II Early Design (S. 78)	mittel	SLOC	gering	aktuelle COCOMO-Variante zur Anwendung früh im Lebenszyklus
COCOMO II Post Architecture (S. 79f)	mittel	SLOC	mittel	aktuelle COCOMO-Variante zur Anwendung in fortgeschrittenerem Projekt
SLIM (S. 82)	sehr gering	SLOC	gering	theoretisch sehr interessantes Verfahren, Kalibrierung auf heutige Systeme leider unklar
Expertenschätzungen (S. 26)	sehr hoch	Anforderungen	hoch	einfach anwendbares Verfahren, das mit entsprechender Erfahrung gute Ergebnisse erzielt
Analogieschätzungen (S. 24)	mittel	Architektur	mittel	einfache und präzise Technik, vorausgesetzt, entspr. Vergleichsdaten sind verfügbar

Literatur

Boehm, B.
Software Engineering Economics
Prentice Hall, 1981

Boehm, B., Abts, C., Brown, W., Chulani, S., Clark, B., Horowitz, E,
Madachy, R., Reifer, D., Steece, B.
Software Cost Estimation with COCOMO II
Prentice Hall, 2000

Brooks, F.
The Mythical Man Month (2. Auflage)
Addison-Wesley, 1995

Bunse, C., v. Knethen, A.
Vorgehensmodelle kompakt (2. Auflage)
Spektrum Akademischer Verlag, 2008

DeMarco, T.
Slack: Getting Past Burnout, Busywork and the Myth of Total Efficiency
Dorset House, 2001

Ebert, C.
Risikomanagement kompakt
Spektrum Akademischer Verlag, 2006

Ebert, C.
Systematisches Requirements Engineering und Management (2. Auflage)
dpunkt.verlag, 2008

Endres, A. & Rombach, D.
A Handbook of Software and Systems Engineering
Addison Wesley, 2003

Fisher, R. & Ury, W.
Getting to Yes: Negotiating an agreement without giving in (2. Auflage)
Random House UK, 2003

Glass, R.
The Software Estimation Crisis
in Ebert, C. & Dumke, R.
Software Measurement
Springer, 2006

Hruschka, P., Rupp, C., Starke, G.
Agility kompakt: Tipps für erfolgreiche Systementwicklung
Spektrum Akademischer Verlag, 2003

Jones, C.
Estimating Software Costs (2. Auflage)
McGrawHill, 2007

Kamm, C., Siedersleben, J., Schick, D., Saad, A.
Systematische Aufwandsschätzung für Software im Fahrzeug
OBJEKTspektrum, 6/2004

Larman, C.
UML 2 und Patterns angewendet
Mitp, 2005

Mangold, P.
IT-Projektmanagement kompakt (3. Auflage)
Spektrum Akademischer Verlag, 2009

McConnell, S.
Software Estimation: Demystifying the Black Art
Microsoft Press, 2006

Putnam, L. & Myers, W.
Measures for Excellence
Prentice-Hall, 1992

Schwaber, K. & Beedle, M.
Agile Software Development with Scrum
Pearson, 2008

Stutzke, R.
Estimating Software Intensive Systems
Addison-Wesley, 2005

WWW
http://oliverhummel.com/kompaktbuch

Yourdon, E.
Deathmarch
Yourdon Press, 2004

Index

Printed in the United States
By Bookmasters